Reihe Politik in sozialer und ökologischer Verantwortung

Herausgegeben von
Günter Altner, Joseph Dehler,
Gerd Michelsen, Magda Schirm

In dieser Reihe werden Kurzbeiträge veröffentlicht, die die Verantwortung der Politik für eine zukunftsfähige Gesellschaft verdeutlichen, Demokratisierungs- und Beteiligungsprozesse stärken und Perspektiven zur Gestaltung einer humanen, sozialen, friedlichen und natürliche Ressourcen schonenden sowie die Gleichberechtigung der Geschlechter fördernden Lebenswelt aufzeigen.
Gleichzeitig soll die Auseinandersetzung über demgemäße innovative politische Ansätze und Entwicklungen gefördert werden.

Friedhelm Hengsbach SJ

Ein anderer Kapitalismus ist möglich!

Wie nach der Krise ein Leben gelingt

VAS

Bibliografische Information der Deutschen Bibliothek

Die Deutsche Bibliothek verzeichnet diese Publikation in der Deutschen Nationalbibliografie; detaillierte bibliografische Daten sind im Internet über http://dnb.ddb.de abrufbar.

Umschlag: Anna Zeis-Ziegler

Herstellung: VAS, Ludwigstr. 12 d, 61348 Bad Homburg
Umschlagbild: www.photocase.com
Vertrieb: Südost Verlags Service GmbH,
Am Steinfeld 4,
94065 Waldkirchen

Printed in Germany · ISBN 978-3-88864-460-3

Inhaltsverzeichnis

„Durch Deutschland muss ein Ruck gehen",
hatte 1997 der damalige Bundespräsident
Roman Herzog gefordert.
Nun geht ein unbeschreiblicher Ruck
durch die Wirtschaft und Gesellschaft –
in Deutschland, in Europa, in der ganzen Welt.
Allerdings anders, als Roman Herzog
ihn sich vorgestellt hat.
Wie ist diese als beispiellos eingestufte Krise
zu bestimmen und zu erklären?
Welche Rolle wird dem Staat zugespielt,
die Krise zu bewältigen?
Sind Reparaturarbeiten ausreichend
oder ist ein politischer Neustart notwendig?

1. Eine beispiellose Krise

Das Ausmaß und die Tiefe dieser Krise scheinen die gewohnten Maßstäbe der Nachkriegsgeneration zu sprengen. Nur eine skeptische Minderheit hat alarmierende Vorzeichen gesehen und sie als Warnsignale gedeutet. Außer diffusen Hinweisen auf das Jahr 1929 sind keine vergleichbaren Beispiele genannt.

Ist die Finanzkrise wirklich beispiellos? Finanzkrisen gehören zum Kapitalismus wie das Wasser zum Meer. Allein die 30jährige Episode des Währungssystems von Bretton-Woods mit festen, anpassungsfähigen Wechselkursen hat die westliche Staatengemeinschaft vor ernsthaften Finanzkrisen bewahrt. Seitdem dieses System 1971/73 aufgekündigt wurde, hat es bis heute mindestens acht Finanzkrisen gegeben. In den 1970er Jahren sorgten Wechselkursschwankungen, insbesondere die zwischen dem US-Dollar und der DM für massive Turbulenzen in den betroffenen Währungsgebieten, die sich realwirtschaftlich nicht erklären ließen. In den 1980er Jahren haben sich zahlreiche Schwellenländer unter der Last einer untragbaren Auslandsverschuldung als zahlungsunfähig erklärt. Unabhängig von einer Sparkassenkrise in den USA, die 500 Institute verschwinden ließ, kam es an einem „schwarzen Montag" im Oktober 1987 zu einem drastischen Kurseinbruch der New Yorker Börse, der durch computergesteuerte Reflexe ausgelöst war und ein virtuelles Vermögen von 500 Mrd. US-Dollar vernichtete. Anfang der 1990er Jahre wurde Japan von einer Immobilien-, Banken- und Währungskrise heimgesucht. 1992 drängte eine Spekulationswelle das englische Pfund aus dem europäischen Währungssystem heraus und sprengte die ursprünglich engen Bandbreiten der Wechselkurse. 1997 lösten spekulative Währungsattacken gegen den thailändischen Bath massive Kapitalabflüsse aus vier asiatischen Ländern aus, denen ein dramatischer Einbruch des Wirtschaftswachstums und der Beschäftigung folgte. Die folgende Krise war mit der Euphorie der „Neuen Wirtschaft" verbunden. Junge Unternehmer, die mit der elektronischen Technik vertraut waren, hatten eine Börseneuphorie ausgelöst, die ein ungewöhnliches reales Wirtschaftswachstum zuerst in den USA und dann in Europa nach sich zog. Im Jahr 2000 platzte die Spekulationsblase. Im ersten Jahrzehnt nach der Jahrtausendwende blieb die Immobilien- und Hypothekenkrise in den USA nicht auf das Leitwährungsland begrenzt. Sie ist inzwischen zu einer globalen Finanz- und Wirtschaftskrise ausgewuchert.

Beispiellos ist diese Krise deshalb, weil sie nicht bloß in peripheren Ländern aufgetreten ist und sich dort verbreitet hat, oder weil sie nicht auf monetäre oder realwirtschaftliche Segmente beschränkt blieb. Ihre Tiefe und Ausbreitung haben mit Ausnahme einer kritischen Minderheit alle Wirtschafts- und Finanzexperten überrascht. Sie hat infolge der wachsenden globalen Verflechtung alle monetären Sektoren und Akteure und selbst die realwirtschaftliche Sphäre infiziert. Sie ist im Zentrum des globalen Finanzregimes ausgebrochen und hat auch zahlreiche Schwellenländer, die inzwischen an das Zentrum herangerückt sind, erfasst.

Beispiellos ist diese Krise deshalb, weil sie von einem ruckartigen Wechsel der gängigen doktrinären Leitbilder begleitet wurde. Diejenigen, die während der letzten dreißig Jahre die drei marktradikalen wirtschaftsliberalen Glaubenssätze wie eine flatternde Fahne vor sich hergetragen und bekannt haben: „Vertraue auf die Selbstheilungskräfte des Marktes, der schlanke Staat ist der beste aller möglichen Staaten, wenn die Notenbank rigoros die Inflation bekämpft, ist jede andere Wirtschaftspolitik überflüssig", gestehen wie Josef Ackermann ein, dass sie nicht mehr an die Selbstheilungskräfte des Marktes glauben. Sie rufen nach dem Staat, der als einziger das Kartenhaus, das sie haben zusammenfallen lassen, wieder aufrichten könne. Und sie drängen die Notenbank dazu, die Wirtschaft und den Bankensektor mit Liquidität zu überfluten, damit das unter den Banken verlorene Vertrauen wieder aufgebaut wird. Ebenso wurde der kollektive Mikroblick abgelegt, der Jahrzehnte lang die Deutungsmuster der Wirtschaftslage bestimmt hatte, dass beispielsweise die Arbeitslosen zur Aufnahme von Erwerbsarbeit motiviert und besser qualifiziert werden müssten. Dass für die Gesamtwirtschaft jene Reformen vorteilhaft seien, die den einzelnen Unternehmen Nutzen bringen, nämlich Löhne, Steuern und Abgaben zu senken. Dass die Verkrustungen auf dem Arbeitsmarkt die Schlüsselgröße einer wirtschaftlichen Belebung seien. Und dass Länder oder Staaten miteinander konkurrieren sollten, um den Finanzinvestoren günstige Standortbedingungen zu bieten. Umgekehrt wurden makroökonomische Lösungswege, die seit dem Beginn der 1980er Jahre tabuisiert waren, offen diskutiert. Sogar der Sachverständigenrat forderte im Einklang mit den Wirtschaftsforschungsinstituten von der schwarz-roten Regierung ein massives Konjunkturprogramm. In dem Film: „Good bye, Lenin" fällt eine Mutter unmittelbar vor dem Fall der Mauer ins Koma. Als sie nach ein paar Monaten aufwacht, begreift sie die veränderte Welt nicht mehr. Ähnlich überraschend wirkten seit der Finanzkrise die Aussagen wirtschaftspolitischer Wendehälse zur Konjunkturkrise und zur unverzichtbaren Aufgabe des Staates, die Schwankungen privatwirtschaftlicher Nachfrage auszugleichen.

Wie beispiellos die Krise ist, lässt sich auch daran erkennen, dass nahe liegende Vergleichswerte zu fehlen scheinen. Deshalb nimmt man (berechtigt oder nicht) auf säkulare Ereignisse wie den Zusammenbruch der Börsen 1929 mit der ihn begleitenden oder ihm nachfolgenden Wirtschaftskrise Bezug. Außerdem entdeckt man verschiedene Facetten der Krise, die theoretisch und politisch über den Finanzsektor hinaus greifen.

2. Drei Dimensionen der Krise

Die zu Beginn des Jahres 2009 in Davos versammelten wirtschaftlichen und politischen Eliten haben signalisiert, dass die aktuelle Finanz- und Wirtschaftskrise drei Dimensionen, eine monetäre, ökologische und soziale Dimension einschließt.

2.1 Monetäre Dimension

Die aktuelle Finanzkrise ist inmitten der monetären Sphäre ausgebrochen. Die monetäre Dimension macht den Kern des Kapitalismus aus. Von Max Weber und Josef Schumpeter wurde die Dynamik des Kapitalismus auf persönliche Einstellungen des kapitalistischen Unternehmers zurückgeführt, auf sein Gewinnstreben bzw. Innovationsvermögen, sich mit neuen Produkten Märkte zu erschließen oder mit neuen Kombinationen der Produktionsfaktoren sich Wettbewerbsvorteile zu verschaffen. Werner Sombart und Karl Marx haben strukturelle Komponenten benannt, die jene kapitalistische Dynamik erklären, die für breite Bevölkerungsschichten unermesslichen Wohlstand erzeugt hat: die elastische Geldversorgung, das unbegrenzte Kredit- und Geldschöpfungspotential des Bankensystems bzw. der Geschäftsbanken, die Geld herstellen wie der Bäcker das Brot, allerdings mit dem Unterschied zum Bäcker, dass sie ihr Produkt aus dem Nichts hervorbringen können. Während früher das aus der Erde oder aus fernen Kontinenten herbeigeschaffte Metall den Geldkreislauf und damit das reale Wachstumspotential begrenzte, war diese Barriere durch das Papier- und Giralgeld gefallen. Die Banken können eigenes Geld schaffen, es ihren Kunden ausleihen und gleichzeitig als Einlage zu sich zurückholen. Sie können in einem die Rolle von Schuldnern und Gläubigern spielen.

2.2 Ökologische Dimension

Die zweite Dimension der Finanzkrise ist die ökologische Dimension. Diese Dimension hat Werner Sombart vor mehr als 100 Jahren bereits als zweite Ursache der kapitalistischen Dynamik ausgemacht. Die den Kapitalismus kennzeichnende Technik gründet seiner Meinung nach in einem Wissen, das durch wissenschaftliche Erkenntnis und nicht durch unmittelbare Erfahrung hervorgebracht ist. Diese Technik hat sich von den organischen Begrenzungen, denen Pflanzen, Tiere und Menschen unterworfen sind, gelöst und diese durch mechanische oder chemische Prozesse ersetzt. So hat die moderne Transporttechnik räumliche Grenzen gesprengt. Außerdem hat die moderne Technik dem Kapitalismus den Zutritt zur „Schatzkammer" mineralischer Rohstoffe im Schoß der Erde verschafft. Während frühere Epochen von jenem Einkommen gelebt haben, das ihnen jährlich durch die Sonnenenergie zugeflossen und in neu gewachsenen Pflanzen und Bäumen umgesetzt worden war, steht der Menschheit nun ein Vermögen an Sonnenenergie im Erdinnern zur Verfügung, das im Laufe von Jahrmillionen auf die Erde nieder gestrahlt ist. Indem der Kapitalismus mit vollen Händen in die „Sparbüchse der Erde" hineingriff, konnte er einen unerhörten Reichtum hervorzaubern.

2.3 Soziale Dimension

Die dritte Dimension der Finanzkrise ist die soziale Dimension. Bundespräsident Köhler hat vor einiger Zeit Graf Lambsdorf und Gerhard Schröder als zwei herausragende Gestalten der Reformpolitik in der Bundesrepublik dargestellt. Graf Lambsdorff habe mit dem programmatischen „Lambsdorff-Tietmeyer" Papier Schneisen eines notwendigen Reformbewusstseins geschlagen, die der Bundeskanzler mit der Agenda 2010 und den Hartz-Regelungen gesetzlich verankern konnte. In dem „Lambsdorff-Tietmeyer-Papier" waren Auswege aus der Wachstums- und Beschäftigungskrise formuliert, die Erfolg versprechen würden, nämlich die Tarifverträge zu flexibilisieren, den Kündigungsschutz zu lockern, einen Niedriglohnsektor einzurichten, die Sozialleistungen zu kürzen und private Zuzahlungen zum Krankenhausaufenthalt und zu medizinischen Leistungen zu beschließen. In den 1980er Jahren haben sich unter dem politischen Schirm der geistig-moralischen Wende und dem finanziellen Schirm der Industrie bürgerliche Kampagnen gebildet, die mit medialer Resonanz einen Feldzug gegen den Sozialstaat angezettelt haben: Der Sozialstaat sei angesichts der Globalisierung zu teuer, wegen der demographischen Entwicklung auf Dauer nicht finanzierbar und darüber hinaus fehlgeleitet. Im Vergleich mit der privaten Vorsorge seien die solidarischen Sicherungssysteme zu aufwendig, weniger rentabel und vor allem nicht demographiefest.

Gegen Ende des Jahrhunderts inszenierten Spitzenvertreter der großen Parteien Debatten über eine neue Gerechtigkeit, die den großen Herausforderungen der Globalisierung, des demographischen Wandels und der neuen Technologien gewachsen sei. Das Volk müsse sich von den herkömmlichen Vorstellungen der Verteilungsgerechtigkeit verabschieden. Der neue Name für Gerechtigkeit sei Chancengleichheit beim Zugang zu Bildungsgütern und zum Arbeitsmarkt. Da die Menschen sich durch Talente und Leistungen unterscheiden, sei es gerecht, dass diejenigen, die sich anstrengen und etwas leisten, durch höhere Einkommen und Vermögen belohnt würden. Leistungsgerechtigkeit habe Vorrang vor der Bedarfsgerechtigkeit. Der Markt sei die Steuerungsform, die dafür sorgt, dass Leistung und Gegenleistung gerecht einander entsprechen. Folglich beweise eine gespreizte Einkommens- und Vermögensverteilung, wie sehr die Gesellschaft das Engagement ihrer Leistungsträger honoriert.

Drei beunruhigende Ergebnisse einer solchen öffentlichen Propaganda und einer ihr folgenden Politik hat der 2008 veröffentlichte Dritte Armuts- und Reichtumsbericht der Bundesregierung aufgedeckt: ein erhöhtes Armutsrisiko, eine Zunahme prekärer Arbeitsverhältnisse und eine wachsende Schieflage der Einkommens- und Vermögensverteilung. Die Armutsrisikoquote ist seit 1998 kontinuierlich angestiegen. Sie lag 2005 über dem Durchschnitt bei Alleinerziehenden, Migranten und Arbeitslosen. Kinder trifft ein überdurchschnittliches Armutsrisiko, wenn sie mit Alleinerziehenden oder mit arbeitslosen Erwachsenen zusammenleben. Die Zahl der dauerhaft Armen ist gleichfalls gestiegen. Die Armutslücke, der Abstand zwischen der Armutsrisikogrenze und der mittleren Einkommenslage derer, die arm sind, hat sich vergrößert. Mehr als ein Drittel der Vollzeitbeschäftigten arbeitete 2005 im Niedriglohnbereich. Der Anteil der geringfügig Beschäftigten lag 2007 bei 12% aller Erwerbstätigen. Die Teilzeitquote stieg auf mehr als ein Viertel. Die Zahl der Leiharbeitnehmer hat sich 2003-2007 mehr als verdoppelt. Der Anteil der Erwerbstätigen, die für Armutslöhne arbeiten, erhöhte sich 2002-2005 von 9% auf 12%. Die Tarifbindung ging weiter zurück, sie galt 2005 für nur 59% der Beschäftigten im Westen und für nur 42% im Osten. Der Anteil der Erwerbspersonen, die über keinen beruflichen Abschluss verfügen, lag 2006 mit 14% höher als zehn Jahre zuvor. Die Bruttolöhne und -gehälter sind 2002-2005 real um etwa 5% gesunken. Dabei nahm die Ungleichverteilung zu. Bei den preisbereinigten Nettoäquivalenzeinkommen der privaten Haushalte zeigt sich die gleiche Tendenz: Diese sanken real um 2,5%. Die sekundäre Umverteilung durch den Staat war weniger wirksam. Die Anteile der Mittelschicht am Gesamteinkommen sind gesunken.

Zusätzliche Indikatoren einer wachsenden Schieflage der Verteilung sind zum einen der Rückgang des Anteils sowohl der Staatsausgaben als auch der Staatseinnahmen (1999-2008) an der wirtschaftlichen Leistung des Landes, zum andern der stagnierende Einzelhandelsumsatz sowie die Umsatzeinbrüche des Handwerks um 10% und der Bauwirtschaft um 25%, während die durchschnittlichen Verdienste von Vorstandsmitgliedern der DAX-Konzerne 1997 um das 37-fache, 2007 um das 109-fache über den durchschnittlichen Arbeitnehmerverdiensten lagen.

3. Fehlersuche

Wenn Notlagen überraschend hereinbrechen und die Kenntnisse systemischer Zusammenhänge unzureichend sind, ist die Neigung groß, die Ursachen einer Krise in persönlichem Versagen zu suchen. Dieses Deutungsmuster wird bei der verfestigten Massenarbeitslosigkeit kaum anders als bei der Finanzkrise verwendet. Im ersten Fall sind es die Arbeitsunwilligen oder Geringqualifizierten, im zweiten Fall sind es die Finanzmanager, die für die kritische Situation verantwortlich gemacht werden.

3.1 Fehlverhalten

„Die große Gier". So hat der Spiegel eine Titelgeschichte überschrieben, in der das Fehlverhalten der Manager beschrieben wird. Wessen Gier war gemeint? Etwa die Gier derer, die von einem eigenen Haus geträumt haben, jedoch nicht über die notwendigen Ressourcen verfügten und dankbar die Angebote eifriger Händler annahmen? Oder war es die Gier kleiner Wertpapierhändler, die leichtsinnig Kredite vermittelt haben, ohne auf die Bonität der Kunden zu achten, einzig in der Absicht, die Prämie für neu abgeschlossene Verträge zu kassieren? War es das Interesse der Abteilungsleiter an einer erfolgreichen Bilanz, so dass sie nachlässig oder gar nicht die Geschäftspraxis ihrer Angestellten überprüft, weggesehen oder gar belastende Unterlagen beiseite geräumt haben? Oder war es die Mischung aus Ignoranz und Ehrgeiz der Investmentbanker, die beweisen wollten, wie überlegen dieser Zweig des Bankgeschäfts im Vergleich mit dem traditionellen Kunden- und Einlagengeschäft sei? Moralapostel und Zivilisationskritiker verurteilten die allgemeine Gier auch der einfachen Leute, die der Parole: „Geiz ist geil" verfallen waren, indem sie Gütern, die zu niedrigen Preisen angeboten wurden, und Finanzanlagen, die höhere Zinsen versprachen, nachgejagt sind, ohne zu fragen, unter welchen Arbeitsbedingungen die Güter hergestellt werden, und ohne zu überprüfen, in welche Kanäle die Finanzanlagen einmünden.

„Die Banken haben Fehler gemacht, sicher". So äußerte sich Klaus-Peter Müller, der Präsident des Bundesverbandes deutscher Banken in einem Interview. Es ehrt den früheren Vorstands- und jetzigen Aufsichtsratsvorsitzenden der Commerzbank, dass er in der aktuellen Finanzkrise ein fehlerhaftes Verhalten der kollektiven Finanzakteure einschließliche der Finanzmanager eingesteht. Aber den gleichen Satz hat er nach dem Platzen der Technologie-Blase vor etwa sechs Jahren verlauten lassen. Welche Fehler das seien, außer dem, dass sie vom Ende der Euphorie und dem Absturz der Kurse überrascht worden seien, hat er nicht gesagt. Allerdings verortet er die eigentliche Ursache der Krise im doppelten Staatsversagen. Alan Greenspan hätte nach der Spekulationsblase der 90er Jahre nicht eine derart lockere Geldpolitik betreiben sollen. Und die Bush-Administration hätte die Lehman-Brothers Bank nicht fallen lassen dürfen. Ohne den Zusammenbruch dieser Bank hätte die Commerzbank gute Zahlen geschrieben.

Woran denken führende Bankenvertreter, wenn sie fehlerhaftes Verhalten zugeben? In erster Linie gestehen sie „finanztechnische" Pannen ein: den fahrlässigen und nachlässigen Umgang mit finanziellen Geschäfts- und Unternehmensrisiken. Da seien waghalsige Geschäfte getätigt worden, die den Akteuren kurzfristige Erfolge in Aussicht stellten. Man habe innovative Finanzdienste entwickelt, unter anderem hochriskante Kredite als durch Hypotheken gedeckte festverzinsliche Wertpapiere verbrieft, gebündelt, zerlegt, aus riskanten Papieren solche mit höherer Bonität herausgepresst, nach Bonität geschichtet, neu strukturiert und aufwerten lassen, kaskadenförmig abgesichert, weiter gereicht, global vermarktet und in nicht mehr überschaubare globale Finanzströme eingeleitet, ohne darauf zu achten, dass die sortierten Risiken nicht unabhängig voneinander eintreten, dass sich Risikoketten bilden und Rückkopplungen auslösen, dass mit der Fixierung auf alltägliche Risikoschwankungen konjunkturelle Wendepunkte und Jahrhundertkatastrophen aus dem Blick geraten. Solche zunehmend undurchsichtigen Prozesse seien in Parallelwelten jenseits der öffentlichen Aufsicht und Kontrolle abgewickelt sowie in Zweckgesellschaften, im Schatten der Banken, ihrer Bilanzen und freier Bankzonen versteckt worden. Von den extrem hohen Renditeerwartungen seien außer den Investmentbanken auch Versicherungen angelockt worden, für die jene strengen Eigenkapitalvorschriften nicht gelten, denen die Banken unterworfen sind. Die Fristenkongruenz zwischen Forderungen und Verbindlichkeiten einzuhalten, sei als anachronistisch eingestuft worden. Fälschlich habe man erwartet, dass spekulative Übertreibungen an den Wertpapierbörsen durch gegenläufige Bewegungen ausbalanciert würden. Man habe sich mathematischen Computermodellen anvertraut, die zwar den in der Vergangenheit abgebildeten Normalfall, aber nicht den extrem unwahrscheinlichen Katastrophenfall in die Wahrscheinlichkeitsrechnung aufgenommen haben.

Von welchen Fehlern sprechen die Vertreter von Großbanken in der Regel nicht? Dass sie sich über eine allgemeine Überzeugung hinweggesetzt hätten, wie sehr die Geldversorgung und die Geldwertstabilität ein öffentliches Gut sind, das den Geschäftsbanken neben dem betriebswirtschaftlichen Erfolgsmaßstab der Gewinnerzielung ein öffentliches Mandat auferlegt, die monetäre Sphäre in den Dienst der Realwirtschaft zu stellen, den Wohlstand für alle zu fördern und insbesondere die Lebensqualität der armen Bevölkerung in der Welt zu heben. Josef Ackermann verteidigt eine wie auch immer definierte Eigenkapitalrendite von 25% als Unternehmensziel, weil so wenigstens einer deutschen Bank die Chance erhalten bleibe, in der ersten Weltliga zu spielen und sie nicht riskiere, von einem anderen Finanzunternehmen übernommen zu werden. Aber welchen Preis müssen die Bank und vor allem die Gesellschaft dafür bezahlen? Lässt sich die ausschließliche Verfolgung eines solchen einzelwirtschaftlichen Ziels rechtfertigen, wenn es im Ganzen und auf Dauer weder nachhaltig noch sozialverträglich noch ökonomisch vernünftig ist?

In der Diskussion um unternehmerisches Fehlverhalten spielt der Begriff der Verantwortung eine herausragende Rolle. Verantwortung übernehmen heißt: sich die beabsichtigten und vorhersehbaren Folgen des eigenen Handelns zurechnen zu lassen und dafür einzustehen. Doch nur diejenigen können Verantwortung übernehmen, denen echte Handlungsmöglichkeiten offen stehen. Verantwortliches Handeln ist an die Selbstauslegung und Selbstbestimmung individueller Subjekte gekoppelt. Diese „Singularisierung" der Verantwortung stößt jedoch in einer funktional ausdifferenzierten, weltanschaulich neutralen Gesellschaft an eine zweifache Grenze: Zum einen engen ökonomische und gesellschaftliche Verhältnisse, die als unumstößlich erachtet werden, den Handlungsspielraum des einzelnen erheblich ein. Zum andern ist die Reichweite individueller Verantwortung in komplexen Handlungssystemen nicht deckungsgleich mit den Rückwirkungen und Nebenfolgen der Entscheidungen, die unerwartet und unbeabsichtigt in entfernten Handlungsfeldern auftreten. Deshalb ist es sinnvoll, den Begriff der individuellen Verantwortung in den Begriff der gesellschaftlichen Verantwortung umzuformen. Als eine gesellschaftliche Konstruktion spiegelt der Begriff der Verantwortung das verbreitete Bewusstsein wieder, dass die Menschen in einer offenen Welt leben und dialogische Lebewesen sind, dass ökonomische und politische Systeme einen geschichtlichen Ursprung haben und dass die Mitglieder einer Gesellschaft sich wechselseitig in die Verantwortung rufen.

Die öffentliche Neigung, die Finanzkrise durch individuelles Fehlverhalten zu erklären, deckt einen blinden Fleck der kollektiven Diagnose auf. Die Spielzüge individueller Akteure mögen fehlerhaft oder korrupt sein. Schwerer wiegt jedoch der Verdacht, dass die Spielregeln fehlerhaft sind und das Regelsystem korrumpiert ist. So klingt der Stoßseufzer Hilmar Koppers, des Erfinders der „Peanuts" im Kreditgeschäft, verständlich, dass er das Wort „Gier" genauso wenig mehr hören könne wie die politisch aufgeheizte Empörung über die Spitzengehälter der Manager. Falls er damit ausdrücken will, dass eine Erklärung der Finanzkrise durch individuelles Fehlverhalten selbst fehlerhaft und unzulässig sei, ist ihm zuzustimmen. Denn die moralische Empörung einer Bevölkerung, die durch Schimpfkanonaden der Politiker aufgewühlt ist, oder das Anprangern einzelner Akteure sind ebenso fehlgeleitete Reaktionen wie die Fixierung der öffentlichen Debatte auf die Bonuszahlungen jener Finanzmanager, die ihre Institute vor die Wand gefahren haben. So ist die Individualisierung struktureller Bruchlinien durch das Magazin „Der Spiegel" unterkomplex, in dem die Entscheidung der US-Regierung, die Lehman Brothers Bank fallen zu lassen, auf einen Zweikampf zwischen Henry Paulson, dem früheren Chef von Goldman Sachs, und Richard Fuld, dem Chairman von Lehman Brothers reduziert wird.

3.2 Systemfehler

Zu den Systemfehlern, die angesichts des weiterhin betriebs- und einzelwirtschaftlichen blinden Flecks bei der Krisendiagnose zu wenig in den Blick geraten, zählt als erstes die Schieflage der Einkommens- und Vermögensverteilung. Der Anteil der Nettoäquivalenzeinkommen der unteren Hälfte der Haushalte am gesamten Einkommen ist 2002-2005 in Deutschland um fast 40% zurückgegangen, der Anteil des obersten Zehntels dagegen um 10% gestiegen, während der Anteil des sechsten bis neunten Zehntels in etwa gleich blieb. 2005 lag der Einkommensanteil des untersten Zehntels bei 3%, der des obersten Zehntels bei 25%. Eine beachtliche Spreizung der Einkommen trifft auch die Klasse der abhängig Beschäftigten. 2005 betrug der Anteil des untersten Zehntels am Bruttoeinkommen aus unselbständiger Tätigkeit 0,5%, der Anteil der unteren sechs Zehntel 27,5% und der des obersten Zehntels 28,4%. Die Nettolohnquote ist von 48% (1991) auf 39% (2008) gesunken, die Gewinnquote während der gleichen Zeit von 30% auf 36% gestiegen. Die Steuerschere bleibt geöffnet: Die Steuerbelastung der Lohneinkommen liegt 2008 bei 19%, die der Gewinn- und Vermögenseinkommen bei 9%. Noch ungleicher als die Einkommen sind in Deutschland die Vermögen verteilt. Das reichste Zehntel der erwachsenen Bevölkerung verfügte 2007 über 61% des gesamten Bruttovermögens, während 27% überhaupt kein Vermögen hatten oder sogar verschuldet waren. Der Anteil der Geldvermögen am Gesamtvermögen hat sich 1992-2006 verdoppelt. Während ursprünglich die Sparquote die bestimmende Komponente beim Aufbau des Geldvermögens war, stieg Anfang der 90er Jahre die Bedeutung der Kursgewinne. 2006 erreichte der Anteil des Geldvermögens privater Haushalte am gesamten Bruttovermögen 44% und damit fast den Anteil des Immobilienvermögens von 46%, während der des Gebrauchsvermögens (Schmuck, Kunstgegenstände) bei 10% lag. Mit dem steigenden Anteil des Geldvermögens veränderte sich dessen Zusammensetzung. Der Anteil der Bankeinlagen schrumpfte, während die Anteile der Versicherungen und Kapitalmarktprodukte wuchs. Der Anteil der Wertpapiere stieg von 19,5% (1970) auf 35,4% (2006).

Mit dem steigenden Wohlstand und der Geldvermögensbildung wohlhabender und extrem reicher Haushalte verändert sich zweitens die vorrangige Geldfunktion. In wohlhabenden kapitalistischen Gesellschafen hat das Geld nicht bloß die Funktion, Tauschmittel zur Erleichterung des Waren- und Dienstleistungsverkehrs zu sein. Es übernimmt für viele Haushalte die Funktion des Vermögensgegenstands und des Wertspeichers. Neben der solidarischen umlagefinanzierten Rentenversicherung und der betrieblichen Alterssicherung setzen Bevölkerungsschichten, die über ein höheres Einkommen verfügen, mehr und mehr auf eine private, kapitalgedeckte Vorsorge. Damit entstehen erweiterte Finanzdienste wie die Anlageberatung, neue Geschäftszweige etwa die Investmentabteilungen der Banken und spezifische Finanzunternehmen wie Finanzinvestoren, Kapitalbeteiligungsgesellschaften und Pensionsfonds.

Drittens weichen die Steuerungsformen für Gütermärkte und Vermögensmärkte voneinander ab. Die Steuerung der Gütermärkte, wie sie sich in Preisverhältnissen verkörpert, ist durch reale Produktionsfaktoren und die reale Kaufkraft bestimmt und gleichzeitig begrenzt. Die Steuerung der Vermögensmärkte und insbesondere der für Immobilien und Wertpapiere wird auf der Nachfrageseite durch subjektive, in die Zukunft gerichtete Erwartungen bestimmt, die indessen durch keinerlei reale Schranken ausgebremst werden. Auf der Angebotsseite fehlt dem Kreditschöpfungspotential des Bankensystems, zumal die Beschränkungen der Zentralbank unterlaufen werden, ebenfalls eine realwirtschaftlich indizierte Barriere. Die Folgen sind in den vergangenen Jahren offenkundig geworden: Das Zusammenspiel einer expansiven Kreditgewährung der Banken und der explosiven Erwartungen der Eigentümer, die sich auf unrealistische Wertsteigerungen ihrer Vermögen richteten, haben sich wechselseitig hochgeschaukelt. So konnten die Erwartungen auf fiktive, kreditfinanzierte Vermögenszuwächse zu einer Spirale auswuchern, die sich spekulativ verstärkte und vom realen Wirtschaftsgeschehen mehr und mehr ablöste. In der monetären Sphäre konnten (spekulative) Renditen erzielt werden, die in der realwirtschaftlichen Sphäre nicht oder nur schwer vorstellbar sind. Als jedoch die euphorische Blase der Erwartungen platzte, wurde die Realwirtschaft unmittelbar in den Abwärtssog hineingerissen.

Die real existierenden Finanzmärkte weichen viertens erheblich von den segensreichen Wirkungen ab, die ihnen in den Lehrbüchern zugeschrieben werden. Idealtypisch vermitteln die Finanzmärkte Kapital zwischen Sparern und Investoren. Dieses lenken sie in diejenige Verwendung, aus der eine optimale Verzinsung zu erwarten ist. Sie bewerten verschiedene Vermögensformen und ermöglichen damit den Anlegern, Finanztitel nach den eigenen

Präferenzen zusammenzustellen; eine höhere Rendite können diese in der Regel dann erwarten, wenn sie bereit sind, ein höheres Risiko einzugehen. Den Unternehmen wird Kapital bereitgestellt, das diese für Investitionen benötigen. Finanzielle Risiken, die mit bestimmten wirtschaftlichen Aktivitäten verbunden sind, werden auf diejenigen verteilt, die sie am besten tragen können und wollen. Globale Geld- und Kapitalmärkte finanzieren und sichern den weltweiten Handel. Sie gestatten den Zugriff auf das Kapital jenseits nationaler Grenzen und überwinden die Barriere, die den Investoren durch das heimische Sparvolumen markiert ist. Sie liefern authentische Signale über das Leistungsvermögen von Unternehmen und spiegeln die öffentlich zugänglichen Informationen über alternative Investitions- und Anlagemöglichkeiten. Sie erzwingen einen dynamischen Wettbewerb zwischen weltweit operierenden Anlegern, Investoren und Banken sowie global einheitliche Realzinssätze. Sie steuern sich selbst und garantieren eine ökonomische Effizienz. Auf den real existierenden Finanzmärkten lassen sich jedoch erhebliche Funktionsdefizite feststellen. Die Preise für Aktien, langfristige Schuldtitel und Derivate sind weithin von subjektiven und kurzfristigen Erwartungen abhängig; langfristige Unternehmenspläne spielen eine nachrangige Rolle. Der Handel mit Wertpapieren tritt in den Vordergrund, die Erstausstattung von Unternehmen mit Kapital in den Hintergrund. Kapital bleibt investierenden Unternehmen vorenthalten und flutet in der monetären Zirkulation. Die Finanzierung von Megafusionen spielt eine größere Rolle als der Börsenzugang kleiner und mittlerer Unternehmen. Die Kapitalgeber des so genannten neuen Markts waren von visionären Selbstdarstellungen mehr beeindruckt als von bilanzgestützten Erfolgsausweisen. Schieflagen wirtschaftlicher Macht sind beherrschend. Institutionelle Großanleger und Geschäftsbanken aus den OECD-Staaten haben einen Informationsvorsprung gegenüber atomisierten Kleinaktionären. Die Chancen, bedeutsame Informationen zu gewinnen, weiterzuleiten und zu beeinflussen, sind asymmetrisch verteilt. Risikoeinstufungen, die vom Urteil und von den Entscheidungen weniger Meinungsführer dominiert werden, sind anfällig für kollektive blinde Flecken, Stimmungsumschwünge und Nachahmungs- und Herdenverhalten. Gewichtiger noch ist das Machtgefälle der hegemonialen Leit- oder Ankerwährungen gegenüber den nicht konvertierbaren Währungen. Die Notenbanken der Leitwährungsländer räumen dem Kampf gegen die Inflation eine hohe Priorität ein. Die Länder mit abhängigen Währungen unterstellen sich diesem Regime und müssen Zinsaufschläge für das Abwertungsrisiko akzeptieren, sobald sie die Erwartungen privater Rating-Agenturen enttäuschen. Manche Länder, die vermeiden wollen, dass ausländische Direktinvestoren abgeschreckt werden, flüchten in eine „Dollarisierung" oder „Euroisierung" ihrer Währung. Institutionelle Großanleger neigen zu riskanten Operationen im Vertrauen darauf, dass die Zentralbanken der Industrieländer sie nicht fallen lassen. Die monetäre Sphäre hat sich weithin von den realwirtschaftlichen Kreisläufen abgelöst.

Fünftens setzen ordoliberale Ökonomen die Bauelemente der Marktwirtschaft mit der freien Preisbildung und dem Grundsatz der Haftung gleich, indem marktförmige Entscheidungen eines Unternehmers mit dem

Gewinn belohnt und marktwidrige Entscheidungen mit dem Verlust des Einkommens und Vermögens bestraft werden. Diese Grundregeln gelten weiterhin für den Einzelunternehmer, der für die Folgen seiner unternehmerischen Entscheidungen persönlich und mit seinem gesamten Privatvermögen haftet. Aber in den modernen Kapitalgesellschaften sind sie weithin außer Kraft gesetzt. In der Frühphase des vorindustriellen Kapitalismus gab es bereits einen Teilhaber, der nur Geld beisteuerte und einen anderen, der die Geschäfte führte. Sowohl für den Geschäftsführer als auch für eine Vielzahl von Kleinanlegern war die Haftung auf die Einlage beschränkt, eine Durchgriffshaftung auf das Privatvermögen war ausgeschlossen. Nach diesem Modell wurde die Aktiengesellschaft des 19. Jahrhunderts konstruiert. Gesetze erlaubten die Rechtsform der juristischen Person, regelten die Aktienemission und gestatteten die Haftungsbeschränkung auf das Eigenkapital. In der Rechtsform der Gesellschaft mit beschränkter Haftung wurde auch kleineren und mittleren Unternehmen mit einer überschaubaren Zahl von Eigentümern das Privileg der Haftungsbeschränkung gewährt. Diese Organisationsform des kapitalistischen Unternehmens hatte eine ambivalente Wirkung. Zum einen bot sie die Grundlage einer außergewöhnlichen wirtschaftlichen Dynamik. Zum andern verleitete sie zu gewagten Operationen, die es ermöglichen, sich überdurchschnittliche Gewinne privat anzueignen und auftretende Verluste auf unbeteiligte Dritte oder die Allgemeinheit abzuwälzen. Die Kapitalgesellschaft mit beschränkter Haftung wurde zu Beginn des 20. Jahrhunderts als die größte Entdeckung der Neuzeit, noch vor Dampfmaschine und Elektrizität, eingeschätzt.

Die Investmentbanken haben sechstens den Grundsatz der Haftungsbeschränkung extrem überzogen. Sie haben mit einer äußerst niedrigen Eigenkapitalbasis operiert und folglich fast gar nicht mehr haften können. Die bilanzielle Eigenkapitalquote der vor der Krise fünf größten US-amerikanischen Investmentbanken: Bear Stearns, Goldman Sachs, Lehman Brothers, Merrill Lynch und Morgan Stanley, betrug 2006 zwischen 3-4,5%. Mit Hilfe der Hebelwirkung des Fremdkapitals und einer waghalsigen Inanspruchnahme der Fristentransformation, indem sie langfristige finanzielle Anlagen zu hohen Zinsen durch kurzfristige Kreditaufnahmen zu niedrigen Zinsen refinanzierten, konnten sie das Geschäftsvolumen um das 22-33fache ausdehnen und Eigenkapitalrenditen von 25-40% vor Steuern erzielen. So wurden hohe Dividenden ausgeschüttet und möglichst wenig Kapital in der Bank gelassen. Für die Deutsche Bank wurde 2007 eine bilanzielle Eigenkapitalquote von 1,9 ausgewiesen. Eine derartige Unterkapitalisierung hat zwar überhöhte Eigenkapitalrenditen gestattet, aber war auch mit überhöhten Risiken für die Bank, die Gläubiger und die Allgemeinheit verbunden, was indessen erst nach dem Ausbruch der Krise aufgedeckt wurde.

Der Quasi-Ausschluss der Haftung der Investmentbanken, ihre Unterkapitalisierung und die Ausschüttung hoher Dividende wurden siebtens noch bestärkt durch die Internationalen Vorschriften der Rechnungslegung (IFRS). Danach müssen die Aktiva der global operierenden Banken nach dem aktuellen Marktpreis (fair value) bilanziert werden. Folglich werden in der Phase steigender Aktienkurse rein rechnerische Gewinne ausgewiesen und als kreditfinanzierte Dividende an die Aktionäre ausgeschüttet, ohne dass es zu einer Veräußerung von Vermögenswerten kam. Allerdings konnten die Banken auf diese Weise noch zusätzlich die Hebelwirkung auf die Eigenkapitalrendite verstärken. Dagegen hätten die Bilanzierungsregeln des Deutschen Handelsgesetzbuches gemäß dem Niederstwertprinzip ein solches Bewertungsverfahren unterbunden und gewährleistet, dass stille Reserven als finanzielles Polster für stürmische Zeiten gebildet wären und dem Zugriff der Aktionäre entzogen blieben.

Achtens haben die staatlich anerkannten Rating-Agenturen, unter ihnen besonders die drei Marktführer Moody´s, Standard & Poor´s und Fitch Ratings, beim Entstehen und Aufblasen der Börseneuphorie eine verhängnisvolle Rolle gespielt. Sie haben mit Hilfe eines differenzierten Notensystems, das eine beste, gute, mittlere Qualität sowie das Etikett spekulativ, unbrauchbar, insolvent vorsah, die Wertpapiere und Derivate sowie deren Emittenten eingestuft. Zwar gaben sie diese Urteile als Meinungen aus, aber die US-Börsenaufsicht hat verlangt, dass Finanzunternehmen, die auf dem Kapitalmarkt operierten, von zwei der staatlich anerkannten Rating-Agenturen testiert wurden. Dennoch haben die Agenturen das Gift, das in den riskanten Papieren steckte, nicht oder zu spät erkannt. Dies ist nicht verwunderlich, wenn bedacht wird, dass die Agenturen private Großunternehmen, börsennotierte Aktiengesellschaften sind, dass ihre Mitglieder sich als Journalisten verstehen, die das Recht auf Meinungsfreiheit beanspruchen und für Fehlurteile nicht haften, dass sie ihre Kunden gegen Gebühr beraten haben, die Wertpapiere so zu strukturieren, nach unterschiedlicher Qualität zu mischen und zu schichten, dass selbst bei miserablen Ausgangsdaten durch eine geschönte Definition die Menge der Papiere mit bester Qualität beachtlich war. Und gleichzeitig wurde von ihnen die vorgeschriebene Bonitätsprüfung vorgenommen.

Die ungleiche Verteilung der Einkommen und Vermögen erzeugt weltweit extrem polarisierende Tendenzen, die sich neuntens in verfestigten Ungleichgewichten etwa zwischen den jahrzehntelangen Leistungsbilanzdefiziten der USA, die in der Verschuldung der privaten und öffentlichen Haushalte ihre Ursachen haben, und spiegelbildlich in den Leistungsbilanzüberschüssen beispielsweise der Öl exportierenden Länder, Chinas, Japans und auch Deutschlands ausdrücken. Durch die strukturellen und asymmetrischen Gläubiger- und Schuldnerpositionen werden Devisenreserven angehäuft, die abwertungsverdächtig sind und zu spekulativen Attacken reizen. Die überdehnte Inanspruchnahme fossiler Energien durch die wohlhabenden Länder löst Einkommensströme in die Öl exportierenden Länder aus, die die monetäre Zirkulation aufblähen, anstatt in reale Investitionen zu münden.

Zehntens bilden die Rivalität zweier Finanzregime, nämlich des kontinental-europäischen und des angloamerikanischen, mehr noch der hegemoniale Anspruch des US-amerikanischen Finanzregimes den Hintergrund der aktuellen Finanzkrise. Der französische Journalist Michel Albert hat das europäisch-kontinentale Finanzregime dem „Rheinischen Kapitalismus" zugerechnet. Er charakterisiert es als bankendominiert. Private Geschäftsbanken kontrollieren die Industrieunternehmen, indem sie ihnen Kredite gewähren, diese durch Beteiligungen und persönliche Verflechtungen der Mitglieder von Vorständen und Aufsichtsräten absichern und in Publikumsgesellschaften das Depotstimmrecht wahrnehmen. Die Unternehmen werden als ein Personenverband begriffen. Die Manager leiten das Unternehmen, indem sie eine verständigungsorientierte Kooperation der im Unternehmen engagierten Gruppen herstellen. Sie bemühen sich um den Ausgleich der Interessen von Belegschaft, Kunden, Aktionären, Banken und kommunalen oder staatlichen Organen. Solidarische, umlagefinanzierte Systeme bieten der breiten Bevölkerung eine relativ komfortable Sicherheit gegen die gesellschaftlichen Risiken des Alters, der Armut, Krankheit und Arbeitslosigkeit. Der angloamerikanische Finanzkapitalismus dagegen wird als kapitalmarktgetrieben charakterisiert. Märkte für Wertpapiere und Derivate sind dominant, auf denen kollektive Akteure (Großbanken, Versicherungskonzerne, Investmentgesellschafen und Finanzinvestoren) operieren. Die Unternehmen werden als Kapitalanlage in den Händen der Anteilseigner begriffen. Ihr Wert wird mit Hilfe einer reinen Finanzkennziffer, des Saldos zukünftiger, auf die Gegenwart diskontierter Finanzströme bestimmt. Die Manager bedienen ausschließlich die Interessen der Aktionäre, richten ihre kurzfristigen, vierteljährlich veröffentlichten Entscheidungen und deren Ziele einschließlich der eigenen Vergütungen am Börsenkurs aus, der den Unternehmenswert angeblich authentisch widerspiegelt. Die Interessen der Belegschaft, der Kunden, der kommunalen oder staatlichen Organe gelten als nachrangig. Gegen die gesellschaftlichen Risiken sichern sich die Höherverdienenden privat und kapitalgedeckt ab. Die finanzwirtschaftlichen Eliten in Deutschland haben sich ziemlich blauäugig der Suggestion des angelsächsischen Finanzregimes ausgeliefert. Das kontinental-europäische Finanzregime in der Form der „Deutschland AG“ hielten sie für verkrustet und unrentabel. Das Unternehmen als Netzwerk unvollständiger Verträge zu deuten, fanden sie lästig. Periodisierte Gewinn- und Verlustrechnungen, die den betriebswirtschaftlichen Aufwand und Ertrag abbilden, galten angesichts der Einbindung der Unternehmen in den volks- und weltwirtschaftlichen Geldkreislauf als unangemessen. Die Aktionäre, so war der Eindruck, müssten sich in Deutschland vernachlässigt vorkommen, obwohl sie doch die „Eigentümer“ der Unternehmen seien. Die solidarischen Sicherungssysteme sowie die tendenziell egalitäre Einkommens- und Vermögensverteilung seien eine politische Barriere für lockende Gewinnchancen auf den Kapitalmärkten. Demgegenüber strahlt das anglo-amerikanische Finanzregime eine ungewöhnliche Attraktivität und Faszination aus: Auf anonymen Märkten für Wertpapiere und Derivate operieren im Verbund mit Rating-Agenturen institutionelle „Intermediäre“, die zwischen den individuellen Anteilseignern und den Zielunternehmen vermitteln. Der Handel mit Wertpapieren, die Finanzierung des Kaufs und Verkaufs von Unternehmen als Kapitalanlage spielt auf den Geldvermögensmärkten die Hauptrolle, nicht die Ausstattung kleiner und mittlerer Unternehmen mit Eigenkapital oder die Begleitung von Kunden, die eine optimale Anlage ihrer Ersparnisse nachfragen. Die Unternehmen werden ausschließlich über die Finanzkennziffer des „shareholder value“ kontrolliert, jene Größe, die zukünftige Finanzströme und deren Salden auf den gegenwärtigen Barwert abdiskontiert. Dessen kurzfristige Steigerung und der Börsenkurs dienen den Managern als Orientierung, wie sie ausschließlich die Interessen der Kapitaleigner bedienen und ihre eigene Vergütung optimieren. Der imaginäre Schein des marktgetriebenen Finanzkapitalismus hat die Finanzeliten geblendet. Seine destruktive Dynamik hat jedoch nicht nur sie selbst, sondern die gesamte Finanz- und Realwirtschaft getroffen.

Friedrich Hölderlin hat dem Landgrafen von Homburg das Gedicht „Patmos“ gewidmet. Es beginnt mit den häufig zitierten Zeilen:

„Nah ist
Und schwer zu fassen der Gott
Wo aber Gefahr ist, wächst
Das Rettende auch.“

Wer ist der Retter?

4. Retter Staat

Eine der auffälligsten Begleiterscheidungen der aktuellen Finanz- und Wirtschaftskrise scheint die „Rückkehr des Staates“ zu sein. Aber der Staat ist nicht die Rettung aus der Krise, sondern deren Bestandteil. Dies lässt sich zweifach belegen: Erstens sind die Gesetze zur Entregelung der Arbeitsverhältnisse und die zur Entregelung der Finanzwirtschaft zwei Seiten einer missratenen politischen Option. Und zweitens lässt sich der Staat beim Schnüren des Rettungspakets von den Finanzunternehmen als kooperative Geisel vereinnahmen.

4.1 Politik der Entregelung

Die rot-grüne Koalition hat seit 2001 die solidarischen umlagefinanzierten Sicherungssysteme, die Renten-, Kranken- und Arbeitslosenversicherung systemsprengend deformiert. Eine Sicherung, die den durch die Erwerbsarbeit erworbenen Lebensstandard in Notlagen gewährleisen sollte, wurde tendenziell auf das Niveau eines sozio-kulturellen Existenzminimums abgeschmolzen. Gesellschaftliche Risiken wurden tendenziell individualisiert, solidarische Sicherungen privatisiert und Grundrechte in private Tauschverhältnisse überführt. Gleichzeitig propagierte man die private kapitalgedeckte Vorsorge. Die atypischen Arbeitsverhältnisse, die der Dritte Armuts- und Reichtumsbericht beklagt, weil inzwischen ein Viertel aller Beschäftigten, vor allem Frauen und junge Erwachsene mit Teilzeit- und Leiharbeit, mit befristeter Arbeit und Mini-Jobs konfrontiert sind, gehen auf das Entregelungs- und Privatisierungsfieber der rot-grünen Koalitionsregierung zurück. Es waren die Gesetze zur Befristung, Leiharbeit, zur prekären Beschäftigung und Lockerung des Kündigungsschutzes sowie die politischen Vorbehalte gegen den Flächentarifvertrag, die die Arbeitsverhältnisse sozial entsichert haben. Dass sich die Schere der Verteilung von Gewinn- und Lohneinkommen sowie der Vermögen seit 2000 so dramatisch geöffnet hat, ist weithin der asymmetrischen Steuerpolitik der rot-grünen und schwarz-roten Koalition zuzuschreiben.

Der Entregelung der Arbeitsverhältnisse entsprach spiegelbildlich eine Entregelung der monetären Sphäre. Während der zweiten Legislaturperiode der rot-grünen Koalition wurden im Rahmen eines Finanzmarktförderungsplans verschiedene Gesetze in der Absicht verabschiedet, Deutschland zu den führenden Finanzplätzen London und New York aufschließen zu lassen. Der deutsche Kapitalmarkt sollte für eine verstärkte private und betriebliche Altersvorsorge vorbereitet und der Anlegerschutz verbessert, die EU-Richtlinien zur Harmonisierung der europäischen Finanzmarktgesetzgebung sollten umgesetzt werden. So wurden unter anderem die Beschränkungen des Börsenhandels gelockert, innovative Finanzdienste und Akteure einschließlich der Hedgefonds sowie der Derivatehandel zugelassen, Zweckgesellschaften für Kreditverbriefungen von der Gewerbesteuer befreit und die Gewinne der Banken aus dem Verkauf der Industriebeteiligungen für steuerfrei erklärt. Die große Koalition war nach dem Regierungswechsel bemüht, innovative Finanzdienste und Vertriebswege zu fördern sowie Kapitalbeteiligungsgesellschaften steuerlich privilegiert zu behandeln. Verständlicherweise suchen die politisch Verantwortlichen das Gewicht dieser Gesetze herunterzuspielen, wenn es um eine Analyse des politischen Anteils an den Ursachen der Finanzkrise geht. Sie beteuern, dass von den gesetzlichen Veränderungen in Deutschland kein direkter Einfluss auf die aktuelle Finanzkrise ausgegangen sei und führen für diese Behauptung in der Regel vier Argumente an: Erstens sei die Zahl der in Deutschland gegründeten Hedgefonds, deren öffentlich gehandelte Anteile nur als Dachfonds zugelassen waren, äußerst gering und vergleichsweise streng reguliert gewesen. Das gleiche gelte für die in Deutschland gegründeten Zweckgesellschaften zur Kreditverbriefung. Zweitens hätten sich die deutschen Aufsichtsbehörden dem Abkommen von

Basel I nicht entziehen können, das die angeblich starren Vorschriften für das bilanzielle Mindesteigenkapital der Banken durch ein differenziertes Gewichtungsschema des Risikograds der Ausleihungen ersetzt hat. Ebenso wenig sei es ihnen möglich gewesen, das Abkommen von Basel II nationalstaatlich zu unterlaufen, das den Banken eine weitere Lockerung und Flexibilisierung ausgeklügelter Risikoklassen und Risikogewichte gestattet hat. Drittens sei die deutsche Regierung verpflichtet gewesen, die Richtlinien der Europäischen Kommission, die für Banken eine Mindestkapitalquote und europäische Bilanzierungsregeln vorschrieb, in nationale Gesetze umzusetzen. Europarecht habe Vorrang vor nationalem Recht. Auch die Einigung zwischen der EU-Kommission und der Bundesregierung nach einer Klage der privaten Banken, dass die Landesbanken und deren Privilegien den Wettbewerb verzerren, seien für die Regierung bindend gewesen, dass nämlich die Gewährträgerhaftung des Staates wegfalle und die Anstaltslast keine Beihilfeelemente mehr enthalten dürfe. Die Erosion des deutschen Dreisäulenmodells – Privatbanken, Genossenschaftsbanken, Sparkassen - sei offensichtlich nicht der Bundesregierung anzulasten. Viertens hätten die Aufsichtsbehörden Bafin und Bundesbank zwar schon im Frühjahr 2008 gewusst, dass in der Hypo Real Estate gegen die ordnungsgemäße Führung einer Bank verstoßen werde, die Leitung den Überblick verloren habe und die Insolvenz der Bank drohe. Aber sie seien bald an Kontrollgrenzen gestoßen, weil Gesetzeslücken das Prüfen einer Finanzholding erschwerten und ausländische Rating-Agenturen kaum verrückbare Standards setzten, während das Finanzministerium kritische Eingaben ignoriert, gar Nachsicht gegenüber den innovativen Finanzprodukten und mehr „Aufsicht mit Augenmaß" verlangt habe. Dennoch widerlegt eine solche Argumentation nicht die Vermutung einer fahrlässigen Kontrollschwäche deutscher Aufsichtsorgane. Die Aufsicht erfolgte methodisch verengt: Der Mikroblick, in der Formulierung des Sachverständigenrats die „mikroprudentielle Analyse" hatte die makroökonomische Sensibilität verloren, wohl auch deshalb, weil man zu sehr auf eine „qualitative" Regulierung im Einvernehmen mit den privaten Finanzunternehmen vertraut hatte. Eine solche Vorgehensweise entsprach der wirtschaftstheoretischen und wirtschaftspolitischen Hauptströmung, den einzelwirtschaftlichen Erfolg als für die gesamte Wirtschaft und Gesellschaft vorteilhaft zu beurteilen. Die politisch Verantwortlichen sahen sich überdies dem öffentlichen Meinungsdruck der Finanzeliten ausgesetzt, trauten sich nicht, ihnen Widerstand zu leisten und schlossen sich stattdessen deren Urteil an, dass das angloamerikanische Finanzregime dem kontinentaleuropäischen überlegen sei. Immerhin wurden die Finanzmärkte als eine Art fünfter Gewalt in der Demokratie propagiert, die den nationalen Regierungen sensibler signalisierten, als vierjährige Parlamentswahlen dazu in der Lage sind, wie vernünftige Politik auszusehen hat. Dabei gab es bereits fünf Jahre vor dem Ausbruch der Krise erste vertrauliche Vorwarnungen. Das Handelsblatt berichtete im Februar 2003 von einem Gespräch im Kanzleramt, an dem Spitzenvertreter deutscher Banken und Versicherungen, der Kanzler sowie der Wirtschafts- und der Finanzminister teilgenommen hätten. Dabei habe der Vorstandssprecher der Deutschen Bank, Josef Ackermann die Gründung einer Auffanggesellschaft vorgeschlagen, einer so genannten „Bad Bank", die Kredite notleidender Banken bündelt, als Wertpapiere verpackt und wieder verkauft. Zur Entlastung solle der Staat für die Risiken einstehen und eine Garantie abgeben. Infolge der Indiskretion der Bekanntgabe wurde der Plan jedoch nicht weiter verfolgt.

4.2 Kooperative Geisel

Auf den Notschrei der Finanzeliten haben die politischen Entscheidungsträger schnell und bereitwillig reagiert. Aber die Art und Weise der Reaktion lässt vermuten, dass die politische Krisenbewältigung rettungsloser Retter eben jene Systemfehler und Funktionsdefizite reproduziert, die in der Finanzsphäre die Krise verursacht haben.

Die ersten Reaktionen der Politiker waren wohl einer Schockwirkung zuzuschreiben. Die deutsche Regierung schien den Ernst der allgemeinen Infektion zunächst herunterzuspielen. Aber als Fernsehbilder gezeigt wurden, wie empörte Kunden die Filialen der Northern Rock Bank stürmten, suchten die Bundeskanzlerin und der Finanzminister die deutschen Sparer zu beruhigen und gaben für die Bankeinlagen der Bürgerinnen und Bürger eine symbolische Garantieerklärung ab. Dass eine solche Reaktion vermutlich überflüssig war, konnte man den Kommentaren der Vertreter von Sparkassen und Genossenschaftsbanken entnehmen, die berichteten, dass die Kunden zwar nachgefragt aber nicht beabsichtigt hätten, ihre Einlagen bei den Sparkassen abzuziehen. Das erste Treffen der Regierungschefs der Eurozone schien eine Chance zu bieten, dem Chaos isolierter Entscheidungen oder dem Zwang zu entkommen, die Vorentscheidungen etwa der irischen, US-amerikanischen und britischen Regierungen einfach zu imitieren, und die nationalstaatlichen Reaktionen eigenständig zu koordinieren. Aber dann wurde dem britischen Premier eine Bühne geboten, die Bürgschaften, Kapitalbeteiligungen und die Formen einer kreativen Bilanzierung zu erläutern, zu denen sich die englische Regierung entschlossen hatte. Die Konferenz endete mit dem Resultat, dass die Euro-Länder dem Krisenmanagement Großbritanniens zwar grundsätzlich folgen, aber an einzelstaatlichen Regelungen festhalten wollten.

Dass die isolierten, kurzatmigen, übertriebenen und spektakulären Entscheidungen der Bundesregierung nicht widerspruchsfrei blieben, war abzusehen. Erst sah man den Kern der Krise in den USA und glaubte Deutschland und Europa relativ immun, bis die Hypo Real Estate zum Problemfall wurde. Erst gab man die Parole aus, dass nur im Einzelfall gerettet würde, dann spannte man komfortable Rettungsschirme über das gesamte Bankensystem aus. Erst wurde die Einrichtung einer Bank für faule Kredite kategorisch abgelehnt, dann verhandelte man darüber, wem diese Banken bzw. Auffanggesellschaften gehören sollten – dem Staat oder den Banken. Erst wurde jegliches Konjunkturprogramm kategorisch abgelehnt. Nun denkt man bereits über ein mögliches drittes Konjunkturpaket nach.

Die überraschenden Rettungsaktionen der Bundesregierung wurden von einer lyrischen Rhetorik begleitet, die sich an die aufgeregte, apokalyptisch ausgemalte Inszenierung dramatischer Krisenfolgen durch das Börsenpublikum, die Mega-Banken und die öffentliche Aufsicht anlehnte. Der Finanzminister habe „in einen Abgrund geschaut“, wurde nach einer Krisensitzung über die Hypo Real Estate gemeldet. Aber wohl deshalb, weil ihn die Bankenvertreter über den Abgrund gehalten haben. Und wer konnte behaupten, dass der Abgrund der Zusammenbruch des gesamten Zahlungsverkehrs gewesen wäre? „Wenn der Himmel einstürzt, sind alle Spatzen tot“, ließ der Finanzminister erklären. Aber wer sagt, dass alles Leben ausgelöscht wird, sobald abenteuerliche Spieler gezwungen werden, ihre Spielschulden zu bezahlen? Erst müsse die Unfallstelle geräumt werden, bevor die Schuldfrage geklärt und die Verantwortlichen zur Rede gestellt würden, hieß es. Aber wenn die Unfallstelle im Nebel liegt und die Verursacher die Spurensicherung vereiteln? „Wenn es brennt, muss das Feuer unverzüglich gelöscht werden, auch wenn Brandstiftung im Spiel ist“, begründete der Finanzminister die Priorität der staatlichen Intervention vor der Regulation. Aber rechtfertigt eine solche Metapher, dass die Brandstifter mit am Lenkrad des Löschzuges sitzen und sich privilegiert am Schnüren des staatlichen Rettungspakets beteiligen?

Dass die Rettung der Banken und mit zeitlicher Verzögerung angeschlagener Unternehmen „alternativlos“ sei, gehört zwar inzwischen zum regierungsamtlichen Jargon, ist aber gleichwohl nicht überzeugend. Eine solche Floskel übertüncht nämlich den Verzicht auf vernünftige und vertretbare Entscheidungsverfahren der politisch Verantwortlichen. An Stelle einer unverzüglich flächendeckenden Rettung wäre zuerst eine Spurensicherung fällig gewesen. Die spezifischen Brandherde, die nicht gleichmäßig über alle Finanzunternehmen streuen, hätten präzise ausgeleuchtet und abgegrenzt werden sollen. Vielleicht gehörten zu den „Falschmünzern" vor allem private Investmentbanken oder Landesbanken oder einzelne angeschlagene Institute, die von den Konzernmüttern längst ausgegliedert und aufgegeben waren. Kritikwürdig sind vor allem der Ausschluss der Öffentlichkeit und die Abschirmung des ministeriellen Lenkungsausschusses gegen den Einspruch des Parlaments. Dass die Öffentlichkeit erst durch Indiskretionen, deren Urheber mit Strafanzeigen diszipliniert werden sollen, oder durch einen parlamentarischen Untersuchungsausschuss aufgeklärt werden, nährt den Verdacht einer Komplizenschaft finanzwirtschaftlicher und politischer Eliten. Ein „politisches Bankgeheimnis", das über das Parlament und die Öffentlichkeit verhängt wird, wäre ein absolut unangemessenes Mittel, die Bankenkrise zu bewältigen.

Zahlreiche Bürgerinnen und Bürger misstrauen der Kollaboration der Regierung mit den Finanzeliten. Sie sind beunruhigt und empört über die Rolle, die staatliche Organe als kooperative Geiseln spielen. Denn der häufig zitierten Formel: „Zu groß, um zu fallen" hätte das Eingeständnis folgen sollen, dass man die Bank habe zu groß werden lassen , und dass man Fusionen und Übernahmen mit öffentlichen Mitteln zu noch größeren Finanzgiganten geschmiedet habe, anstatt Megabanken und Versicherungskonzerne zu zerschlagen. Wieso sieht sich der Staat verpflichtet, der privaten Allianz Versicherung AG die mit hoch riskanten Krediten beladene Dresdner Bank auf dem Umweg über die Commerzbank abzunehmen? Ohne staatliche Hilfe hätte diese sich vollends überhoben. Wie lässt sich rechtfertigen, dass der Bund als Großaktionär den Verkauf der Postbank an die Deutsche Bank einleitet, um ihr ein Privatkundennetz anzudienen, während deren Sprecher behauptet, auf staatliche Hilfen nicht angewiesen zu sein? Ist es so unwahrscheinlich, dass die Regierung von der prekären Lage der Hypo Real Estate überrascht wurde, nachdem dieses Institut fünf Jahre vorher von der Muttergesellschaft, der Hypo Vereinsbank ausgelagert worden ist - vermutlich als Auffanggesellschaft („bad bank")? Ist es reiner Zufall, dass exakt zu dem Zeitpunkt, da die Gewährleistungspflicht der privaten Muttergesellschaft auslief, nach dem Rettungswagen des Staates gerufen wurde? Keine politische Entscheidung ist alternativlos. Vermutlich sind einige alternative Lösungswege nicht praktikabel. Aber immerhin hätten sie erwähnt und erwogen werden können. Die Regierung hätte nicht die Banken sondern die Einlagen der breiten Schicht jener Bürger und Bürgerinnen schützen sollen, die nie die Chance haben werden, allein von den Erträgen ihrer Vermögen zu leben. Den Vermögensverlust wohlhabender und exklusiv reicher Haushalte hätte sie zulassen und zusätzlich deren Einkommen progressiv besteuern können.

Ziemlich unverständlich bleibt auch die Option, jeden noch so entfernten Gedanken an die Insolvenz einer Bank kategorisch und rigoros auszuschließen. Die Generalabsolution, dass jede Bank eine systemische Relevanz hat, ist begründungsbedürftig. Ein solches Präzedenzargument macht die Regierung erpressbar, denn warum sollten nicht auch größere Industriekonzerne systemrelevant werden, um staatliche Hilfe in Anspruch zu nehmen? Deshalb müßte näher präzisiert werden, was unter „Systemrelevanz" zu verstehen ist, und ob diese Eigenschaft auf alle Banken zutrifft. Folglich sollten drei Bedeutungen der Zauberformel: „Systemrelevanz" unterschieden werden. Systemrelevant ist erstens eine Bank, wenn deren Geschäftstätigkeit mit der Funktion des Finanzregimes als ganzem gleich gesetzt wird. Ob dies für eine einzelne Bank überhaupt zutrifft, ist fragwürdig, zumal die Vertreter der führenden Privatbanken sich geweigert haben, über die einzelwirtschaftliche Gewinnorientierung einer Bank hinaus ein systemisches, also allgemeines Interesse an der elastischen Geldversorgung, an der Geldwertstabilität und an der Hebung des Wohlstands für alle und insbesondere benachteiligter Gesellschaftsmitglieder als für sie verbindlich anzuerkennen. „Systemrelevanz" kann zweitens bedeuten, dass das Geschäfts- und Unternehmensrisiko einer Bank mit dem Risiko des Finanzregimes derart verflochten ist, dass sich auf Grund der engen finanziellen Verflechtung des Bankensektors die Zahlungsunfähigkeit dieser Bank dominoartig auf andere Banken überträgt und einen totalen Zusammenbruch der Kreditversorgung wie des gesamten Zahlungsverkehrs verursacht. Aber auch eine solche Verflechtung sollte nicht a priori unterstellt sondern empirisch belegt werden. Die Tatsache, dass Banken unterschiedliche Gläubiger und Schuldnerprofile aufweisen, dass sie sich im Kunden- und im Anlagengeschäft zeitlich und regional unterschiedlich engagieren, dass sie miteinander kooperieren und gegeneinander konkurrieren, belegt eine Pluralität und Differenziertheit, die eine trennscharfe Abgrenzung der Unternehmensprofile bzw. ein kategorisches Entweder-Oder von monetärer und realwirtschaftlicher Sphäre ausschließt. Drittens kann unter „Systemrelevanz" verstanden werden, dass die Finanzunternehmen bei ihren Operationen ausschließlich den Blick auf die Geschäfts- und Unternehmensrisiken fixiert hatten, ohne die Folgen ihrer Entscheidungen für die Stabilität des gesamten Systems überhaupt zu berücksichtigen. Dass sie blind darauf vertraut haben, das ganze Ausmaß dieser Folgewirkungen werde den Staat dazu zwingen, ein großes Finanzunternehmen nicht fallen zu lassen, sondern das durch Fehlspekulationen entstandene Verlustrisiko voll zu übernehmen. Diese einzelwirtschaftlich rentable, gesamtwirtschaftlich kriminelle Kalkulation ist ja aufgegangen. Nur sollte der Staat vermeiden, das mutwillige oder grob fahrlässige und erpresserische Herstellen einer solchen Systemrelevanz durch die Finanzunternehmen zu honorieren, indem er ihnen die Chance bietet, eine solche abenteuerliche Praxis fortzusetzen. Deshalb wäre es angebracht gewesen, vor der staatlichen Intervention die Liquiditätshilfen der Notenbanken abzuwarten, die Selbsthilfeeinrichtungen der Banken zu aktivieren und marktbeherrschende Finanzunternehmen zu außerordentlichen Solidaritätsleistungen zu bewegen.

Paradox ist die kurzatmige staatliche Rettung, wenn sie von den Großbanken auf die Industriekonzerne ausgeweitet, eine Promenade von Rettungsschirmen aufgepflanzt und das Zauberwort der Systemrelevanz auserwählten Unternehmen zugesprochen wird. Damit ist jeder Versuch einer inhaltlichen Präzisierung dessen, was Systemrelevanz bedeutet, zum Scheitern verurteilt. Welches Unternehmen, welche Branche, welche Beschäftigtenzahl, welcher Frauenanteil an der Belegschaft und welcher regionale Schwerpunkt sind systemrelevant? Es sieht so aus, als würden die angeschlagenen Unternehmen, die Eigentümer und die Länder die Bundesregierung vor sich und ihren partikularen Interessen hertreiben. Einzelne Kabinettsmitglieder profilieren sich im Wahlkampf, indem sie die parteipolitische Lufthoheit über die Definition der Systemrelevanz erringen. Den einen gelingt dies bei Opel, den anderen bei Arcandor. Doch das Spielfeld lässt bis zur Bundestagswahl nach Porsche und Schaeffler noch weitere Akteure zu. So werden der Wahlkampf und die Dominanz der Parteien systemrelevant.

5. Neustart – jenseits des Finanzkapitalismus

Wiederholt bekräftigen die politisch Verantwortlichen, dass in der beispiellosen Krise auch eine außerordentliche Chance liege, die Chance eines Aufbruchs. Leider wird selten hinzugefügt, worin dieser Aufbruch bestehe und mit welchen geschichtlichen Ereignissen er vergleichbar sei. Für das Krisenszenario sind Vergleichsjahre geläufig, etwa die Jahre 1929/31 oder 1945. Aber Jahre, die einen mutigen Aufbruch oder einen Neustart anzeigen, werden nicht genannt. Dabei sind solche Jahre bedenkenswert – etwa das Jahr 1919, als die erste deutsche Demokratie und der Sozialstaat ausgerufen wurden, oder das Jahr 1944, da mit dem Bretton Woods-Währungssystem eine 30jährige Episode ohne Finanzkrisen eingeleitet wurde. 1947 erklärte die CDU der britischen Besatzungszone in der Präambel des Ahlener Programms, dass der Kapitalismus den sozialen und staatlichen Lebensinteressen des deutschen Volkes nicht gerecht geworden sei und dass die neue Wirtschaftsordnung auf den elementaren Lebensinteressen der Bevölkerung gründen müsse. 1948 hat Ludwig Erhard gegen den Widerstand der Alliierten eine wertstabile Währung und eine Marktwirtschaft eingeführt, die auf dem freien Spiel der Preise beruhte und zugleich in der Folgezeit bis Ende der 1970er

Jahre den sozialen Ausgleich sicherte. 1957 vereinbarten sechs europäische Staaten die Römischen Verträge; in Deutschland sollte die dynamische Rente gewährleisten, dass ältere Menschen von der allgemeinen Wohlstandsentwicklung nicht abgehängt wurden. 1989 war das Jahr des größten friedlichen Aufbruchs in der deutschen Geschichte, als Bürgerinnen und Bürger das Joch eines militärisch hochgerüsteten Regimes und einer Kommandowirtschaft abschüttelten in der Erwartung, dass persönliche Freiheit und wirtschaftlicher Wohlstand, Kapitalismus und Demokratie vereinbar seien.

Ein politischer Neustart jenseits des Finanzkapitalismus schließt an die zunächst unter Schockwirkung erzeugte öffentliche Lernbereitschaft an. Er besteht darin, dass die ökonomische Dynamik des Kapitalismus mit den normativen Überzeugungen einer demokratischen, tendenziell egalitären Gesellschaft vermittelt wird. Er lässt sich durch eine vierfache politische Balance definieren. Diese bringt einen anderen Kapitalismus hervor, der eine beteiligungsgerechte Finanzarchitektur und eine offensive realwirtschaftliche Belebung einschließt.

5.1 Vierfache Balance

Wenngleich die hohen Erwartungen an den Staat als Retter aus der Krise unangemessen sind, und wenngleich die umtriebigen und kurzatmigen Rettungsversuche der Regierungen skeptisch beurteilt werden sollten, spielt der Staat doch eine zentrale Rolle, um ein erstes Ungleichgewicht zwischen der Bereitstellung öffentlicher Güter und der Ausweitung des Angebots privater Güter zu beheben sowie eine neue Balance zwischen öffentlichen und privaten Interessen herzustellen. Die allgemeinen Zugänge zu einem Grundbestand an Bildungs-, Gesundheits-, Mobilitäts- und Kulturgütern sind unzureichend. Das Privatisierungsfieber der vergangenen Jahre hat sich nicht als Heilmittel erwiesen. Die Propaganda des schlanken Staates als des besten aller möglichen Staaten hat die Ordnung des Marktes unterlaufen und marktbeherrschende Unternehmen entstehen lassen. Die öffentlichen Haushalte sind defizitär, während gleichzeitig die Geldvermögensbildung privater Haushalte expandiert. Der Ruf nach weiteren Steuersenkungen ist keine angemessene Antwort auf diese Ungleichgewichte. Also sollte die Kompetenz des Staates, jenseits partikularer Interessen das allgemeine Interesse zu vertreten und zu behaupten, gefestigt werden. Daraus folgt, dass der Staat viel stärker als bisher dafür eintreten sollte, den ungebremsten Konzentrationsprozessen auf den Gütermärkten Einhalt zu gebieten und einen dynamischen marktwirtschaftlichen Wettbewerb zur Geltung zu bringen. Darüber hinaus sollte der Staat berechtigt sein, einen größeren Teil der wirtschaftlichen Wertschöpfung für seine Aufgaben, die niemand sonst übernehmen kann, zu beanspruchen.

Ein zweites Ungleichgewicht, nämlich das zwischen der monetären und der realwirtschaftlichen Sphäre gilt es zu beheben, um auszuschließen bzw. weniger wahrscheinlich zu machen, dass sich Finanz- und Wirtschaftskrisen, wie sie in diesem Jahrzehnt aufgetreten sind, wiederholen. Die Vertreter der Banken weisen ein öffentliches Mandat weit von sich, indem sie das Gewinninteresse für sich wie für alle privaten Finanzunternehmen reklamieren. Dagegen steht jedoch die wohl begründete Option nicht nur ordoliberaler Ökonomen, dass die Geldverfassung, aber auch die für eine kapitalistische Marktwirtschaft charakteristische elastische Geldversorgung, die sich in der Kredit- und Geldschöpfungsmacht des Bankensystems verkörpert, und ganz besonders die Geldwertstabilität ein öffentliches Gut sind. Daraus kann gefolgert werden, dass die Banken nicht nur ein privates Gewinninteresse zu verfolgen sondern gleichzeitig eine öffentliche Aufgabe zu übernehmen haben. Diese besteht darin, dass sie, wie es in den Lehrbüchern blumig ausgemalt ist, im Dienst des Wachstums und der Produktivität der Realwirtschaft den Wohlstand der Bevölkerung im ganzen und der am wenigsten begünstigten Bevölkerungsteile im besonderen zu heben haben. Ein solches Mandat, zwischen der Finanz- und Realwirtschaft eine ausgewogene Balance herzustellen, sollte sich in den Zeiten der Globalisierung nicht auf die reiche Minderheit der Weltbevölkerung beschränken, sondern vielmehr die Mehrheit derer einschließen, die auf dem Planeten wohnen, der der ganzen Menschheit überlassen ist.

Damit wird ein drittes Ungleichgewicht angesprochen, das ebenso wie das durch den Finanzsektor verursachte dem modernen Kapitalismus zuzurechnen ist., nämlich die Schieflage der Interessen, die menschliche Gesellschaften einerseits und alle Lebewesen anderseits auf dem gemeinsamen Planeten anmelden. Der in der Neuzeit rekonstruierte „homo faber" empfindet sich als einziges Weltsubjekt, das der natürlichen Umwelt als deren Hausherr und Beherrscher selbstbewusst und selbst bestimmt entgegen tritt. Er wähnt sich befugt, die Natur zu beherrschen und für die eigenen Interessen zu benutzen. Aber nachdem sich die Einsicht verbreitet hat, dass der natürlichen Umwelt und damit allen nicht menschlichen Lebewesen ein Eigenwert zukommt, der es den Menschen verbietet, sie ausschließlich als Mittel in den Dienst gesellschaftlicher Interessen zu stellen, ist eine Verpflichtung der Weltgesellschaft entstanden, alle gesellschaftlichen Verhältnisse in das Naturverhältnis eingebettet zu sehen und das gesellschaftliche Handeln so zu konvertieren, dass bei der Ordnung der Finanz- und Realwirtschaft die gesellschaftlichen Ansprüche mit der Belastbarkeit des Planeten , was die Ressourcenentnahme und die Aufnahme von Abfällen angeht, ausbalanciert werden.

Ein viertes gesellschaftliches Machtverhältnis ist in eine Balance zu bringen, nachdem es in eine beispiellose Schieflage geriet, nämlich das jener gesellschaftlichen Klassen, die mit dem Kürzel: „Kapital" und „Arbeit" definiert werden. Die herzustellende Balance besteht zum einen in einer fairen Verteilung des gemeinsam hergestellten gesellschaftlichen Reichtums, zum anderen darin, dass diejenigen, die ihre Ressourcen in den Dienst der wirtschaftlichen Wertschöpfung stellen, an den wirtschaftlichen Entscheidungsprozessen am Arbeitsplatz, im Betrieb und in den Unternehmensorganen, aktiv beteiligt werden. Das Recht auf eine solche Mitbestimmung lässt sich zweifach begründen – zum einen dadurch, dass die abhängig Beschäftigten ihr Arbeitsvermögen in den Dienst der gemeinsam erwirtschafteten Wertschöpfung gestellt haben. Damit haben sie einen Anspruch erworben, ein Einkommen zu erhalten, das für einen angemessenen Konsum ausreicht, und zusätzlich einen Anspruch auf einen angemessenen Anteil am Gewinneinkommen, das ihnen gestattet, Kapitalanteile am

Unternehmen zu halten. Zum andern kann der Anspruch auf Mitbestimmung der abhängig Beschäftigten an den Entscheidungen einer Aktiengesellschaft direkt und allein auf der Grundlage des Arbeitseinsatzes begründet werden. Das Vermögen der Kapitaleigner einer Publikumsgesellschaft kann nämlich nicht anders als durch die Inanspruchnahme fremder Arbeit gewinnbringend genutzt werden. Also ist das Recht der unselbständig Arbeitenden auf aktive Beteiligung und Mitbestimmung an den Unternehmensentscheidungen ein originärer Anspruch auf der Grundlage des eingesetzten von seinem Subjekt nicht trennbaren Arbeitsvermögens. Daraus folgt, dass jedes kapitalistische Unternehmen eine Verfassung erhalten sollte, in dem die Interessen der abhängig Beschäftigten, der Kapitaleigner und der öffentlichen Hand paritätisch vertreten sind.

5.2 Finanzarchitektur

Das Treffen der G 20 am 2. April 2009 in London ist wohl ein markantes Zeichen dafür gewesen, dass die unilaterale Episode der US-amerikanischen Hegemonie, die für das Bretton-Woods System die tragende Säule war, sowie die Arroganz der reichen und wirtschaftlich mächtigen G 8 oder G 10 dem Ende zugeht. „Eine globale Krise verlangt nach einer globalen Lösung", haben die Teilnehmer des Londoner Gipfels erklärt. Dessen erweiterter Teilnehmerkreis könnte zwar das Signal eines Neustarts sein. Aber die Inhalte der gemeinsamen Deklaration: „Globaler Plan zum Neustart und zur Reform" sind es nicht. Es sind Absichtserklärungen einer Finanzarchitektur, die zwar gute Reparaturarbeiten und einige Renovierungsleistungen erkennen lässt, aber keinen ernsthaften Neustart.

Die Reparaturarbeit besteht darin, dass ein globales Netzwerk schärferer Aufsicht und Regulierung geknüpft werden soll, in dem alle systemisch relevanten Finanzunternehmen, alle Finanzgeschäfte und alle Finanzplätze erfasst sind. Rating Agenturen, die sich registrieren lassen sollen, gewichtige hochspekulative Fonds und Steueroasen, die sich als kooperationsunwillig erweisen, werden ausdrücklich genannt. Weitere Absichtserklärungen beziehen sich auf globale Standards für die Höhe und die Qualität von Eigenkapitalquoten als Risikoschutz, eine risikobewusste Bilanzierung sowie die Eingrenzung der Hebelwirkung. Übertrieben klingt die Ankündigung, die Zeit des Bankgeheimnisses sei vorbei. Dass der Frage der Managergehälter eine relativ große Bedeutung zugemessen wird, scheint der aufgeheizten Empörung der Weltöffentlichkeit geschuldet zu sein.

Darüber hinaus sind einige behutsame Renovierungsleistungen in den Beschlüssen der G 20 erkennbar. Zwei internationale Institutionen werden erheblich aufgewertet: Zum einen wird das Forum für Finanzstabilität, das nach der Asienkrise eingerichtet worden ist, in den Rang eines globalen Finanzstabilitätsrates erhoben. Dieser soll als Frühwarnanlage globale und makroökonomische systemische Risiken zeitnah aufspüren. Zum andern soll das Mandat des IWF in Bezug auf die Beobachtung, Kreditvergabe und Steuerung globaler Finanzströme erweitert werden.

Was fehlt in der Deklaration der G 20, weshalb die Rede vom Neustart einer beteiligungsgerechten Finanzarchitektur unpassend ist? Erstens steht die Reparatur des Bewährten im Vordergrund, obwohl das angeblich Bewährte die Krise verursacht hat. Zweitens nimmt das Anliegen, das reale Wirtschaftswachstum zu beleben und zusätzliche Arbeitsplätze zu schaffen, den ersten Rang ein. Drittens werden die Zentralbanken ermutigt, den Bankensektor und die Realwirtschaft mit den Instrumenten der Geld- und Fiskalpolitik zu beleben – und zwar auch mit unkonventionellen Instrumenten, nämlich Zentralbankgeld in diese Sektoren zu fluten, sobald die herkömmliche Zinspolitik erschöpft ist. So bietet man den Finanzunternehmen die Chance, weiter so wie bisher auf den Finanzmärkten zu operieren. Viertens werden der Regulierungswettlauf bzw. das Regulierungsparadoxon nicht ausgeschaltet. Die durch Basel I und Basel II etablierte qualitative Regulierung hat im Zusammenspiel öffentlicher und privater Akteure den privaten Unternehmen ein Ausmaß an Beteiligung eingeräumt, dass die Gefahr besteht, die Absichten der öffentlichen Akteure zu unterlaufen oder gar zu verdrängen und die privaten Interessen der Banken dominant werden zu lassen. Folglich wäre es viertens angebracht, innovative Finanzprodukte nicht eher zuzulassen, als sie von einem öffentlichen „Finanz-TÜV" überprüft und in eine Art „Positiv-Liste" aufgenommen worden sind. Fünftens sollten Eigenkapitalquoten nach folgendem Kriterium differenziert werden: Kredite, die der Finanzierung von (spekulativen) Finanzanlagen dienen, sind mit einer höheren Quote zu unterlegen und verschärften Haftungsregeln zu unterwerfen, als solche Kredite, die vergeben werden, um reale Investitionen zu tätigen. Sechstens sollte die Bilanzierung gemäß dem Marktwertprinzip aufgegeben werden; der Grundsatz der vorsichtigen Rechnungslegung gemäß dem Anschaffungswert bzw. dem Niederstwert ist vorzugswürdig und garantiert höhere Stabilität. Siebtens könnten spekulative Finanzgeschäfte besteuert oder eine allgemeine Börsenumsatzsteuer wieder eingeführt werden. Achtens ist eine Ablösung des US-Dollar als alleiniger Reservewährung nahe liegend oder wenigstens erwägenswert, ohne dass es zu einem Währungsschnitt kommt. Der IWF könnte dabei in die Rolle einer Weltzentralbank hineinwachsen. Diese verfügt über ein Weltgeld, beispielsweise Sonderziehungsrechte, die einen Warenkorb von Ankerwährungen abbilden. Sie übernimmt die Rolle eines Kreditgebers der letzten Instanz. Regionale Währungsräume könnten neuntens als eine Zwischenstufe angesehen werden. Innerhalb der Währungsräume sollten Transferleistungen aus dem Zentrum in die Peripherie für einen monetären Ausgleich sorgen, außerhalb solcher Währungsräume könnte eine moderate Wechselkurspflege stabilisierend wirken. Zehntens sollten die globalen Ungleichgewichte, die extreme und strukturelle Gläubiger- und Schuldnerpositionen erzeugen, abgebaut werden. Der IWF sollte dazu in die Lage versetzt werden, Strafzahlungen zu erlassen, damit sich nicht nur die Schuldnerländer, sondern auch die Gläubigerländer an der Ausbalancierung der Leistungsbilanzen beteiligen. Die Gruppe der acht mächtigsten und wirtschaftlich führenden Länder um zwölf Clubmitglieder zu erweitern, ist elftens zwar begrüßenswert, entspricht aber nicht einer globalen Beteiligungsgerechtigkeit. Diese wird nämlich nicht schon dadurch erreicht, dass der Londoner Gipfel dem IWF für die Armen in der Welt – so wurde es in den Medien propagiert – ein erweitertes Kreditvolumen zur Verfügung stellt. Denn diese Finanzmittel werden allenfalls kreditwürdigen Ländern gewährt, zu denen die ärmsten Länder wohl kaum gehören. Folglich gehört zwölftens die selten hinterfragte monetäre Globalisierungsoption auf den Prüfstand. Die von den Vereinten Nationen proklamierten „Rechte der Volker" sollten sich in einer finanz- und währungspolitischen Autonomie verkörpern. Diese genießt Vorrang gegenüber dem Einfluss globaler Finanzmärkte auf das eigene Finanzregime und gegenüber den Attacken internationaler Finanzjongleure gegen die eigene Währung. Solche destruktive Einwirkungen sollten solche Länder mit Kapitalverkehrskontrollen abwehren können. Eine anerkannt erfolgreiche, im 19. Jahrhundert von Friedrich Wilhelm Raiffeisen, aktuell von Muhammad Yunus angestoßene wirtschaftliche Entwicklung knüpft an die Existenz von Mikrobanken an, die landwirtschaftliche Betriebe, gewerbliche Industrien und Dienstleistungsfirmen miteinander vernetzen - finanziell und kooperativ. Der Aufbau einer nationalen Finanzwirtschaft sowie eines funktionsfähigen Bankensystems unter Einschluss einer Zentralbank würde am Ende „gekrönt" durch die grenzüberschreitende Öffnung eines solchen nationalen Finanzregimes.

5.3 Realwirtschaftliche Belebung

Das Treffen der G 20 in London war unter anderem bestimmt von der Auseinandersetzung um die Priorität der Stabilisierung der Finanzmärkte oder der realwirtschaftlichen Belebung. Beide Positionen wurden notorisch von den angelsächsischen und von den kontinentaleuropäischen Repräsentanten vertreten. Wer sich durchgesetzt hat, schien gemäß den Medienberichten unentschieden zu sein. Aber wer die abschließende Deklaration liest, kommt zu der Schlussfolgerung, dass der Belebung des weltwirtschaftlichen Wachstums und die Schaffung zusätzlicher Arbeitsplätze eindeutig der Vorrang eingeräumt wurde. In Deutschland werden die Prioritäten offenbar anders gesetzt. Die Regierenden haben beachtliche, bisher unvorstellbare kreditfinanzierte öffentliche Mittel bereitgestellt, die mit der Zauberformel gerechtfertigt wurden, dass den Banken im Singular und im Plural eine „systemische Relevanz" zukomme. Das nahe liegende Risiko, das darin besteht, staatliche Aufputschmittel an private Banken zu verteilen, damit diese jene Kreditgeschäfte wieder aufnehmen, die vorwiegend der Geldvermögensbildung exklusiv reicher Eliten dienen, erfolgreiche Unternehmen dem Profitdiktat von Finanzinvestoren ausliefern und in der Folge die Absenkung des Lohnniveaus, die Kürzung von Sozialleistungen und die Auszehrung öffentlicher Haushalte erzwingen, ist indessen nicht ausgeräumt. Und die Erwartung, dass durch das Fluten von Liquidität in das Bankensystem verlorenes Vertrauen zwischen den Banken wieder gewonnen werde und zu einer großzügigen Kreditgewährung an Unternehmen führe, ist bisher äußerst begrenzt oder gar nicht erfüllt worden. Gleichzeitig haben der IWF und die OECD der Bundesregierung mahnend attestiert, dass sie im Vergleich zum wirtschaftlichen Potential Deutschlands einen nur unterdurchschnittlichen Beitrag zur realen Belebung der Weltwirtschaft leiste. Das wirtschaftspolitische Konzept, das darin besteht, durch eine staatlich entschiedene realwirtschaftliche Belebung einen Sog auf die Finanzunternehmen auszulösen, so dass diese ihre Zurückhaltung bei der Kreditvergabe lockern, scheint in der politischen Öffentlichkeit nur wenig Zustimmung zu finden.

Dabei wäre für die Regierenden in Deutschland eine Konversion des Mikroblicks, oder wie die Sachverständigen formulieren: der „mikroprudentiellen Analyse" dringend notwendig. Ein solches wirtschaftspolitisches Makroregime stimmt vier Komponenten, nämlich die Geld-, Fiskal- und Einkommenspolitik sowie die Politik außenwirtschaftlicher Absicherung aufeinander ab. Die Kunst der Geldpolitik besteht darin, inflationäre und deflationäre Tendenzen der Realwirtschaft zu unterbinden. Um einen Beitrag zu Wachstum und Beschäftigung zu leisten, sollte sie nicht zu restriktiv wirken und nicht dann schon Inflationsrisiken wittern, wenn diese noch nahezu ausgeschlossen sind. Eine solche Übertreibung droht derzeit nicht. Die Zentralbank ist allerdings auf kooperative Partner angewiesen, in erster Linie auf die Lohnpolitik. Diese entlastet die Stabilitätspolitik der Zentralbank, indem Lohnerhöhungen an der trendmäßigen Produktivitätsrate plus der Zielinflationsrate der Zentralbank orientiert bleiben. Auch die Lohnpolitik kann gegen das Ziel der Geldwertstabilität verstoßen, wenn die Lohnsteigerungen deutlich unter der Stabilitätsnorm bleiben und deflationäre Prozesse auslösen. Entregelte und flexible Arbeitsmärkte schaffen keine zusätzliche Beschäftigung, wenn sie deflationäre Turbulenzen verursachen. Gerade betriebsbezogene Lohnabschlüsse, die einer rein betriebswirtschaftlichen Logik folgen, können in Krisenzeiten solche destruktiven Folgen haben. Die Fiskalpolitik sollte antizyklisch angelegt sein. Auf der Einnahmenseite sind konjunkturelle Schwankungen zuzulassen, auf der Ausgabenseite die öffentlichen Investitionen zu verstetigen. Da Budgetsalden aus Marktprozessen resultieren, sind Obergrenzen strukturneutraler

Budgetdefizite dysfunktional. Zyklusübergreifend sollten die laufenden Ausgaben den laufenden Einnahmen entsprechen. Kreditfinanzierte Investitionen sind unbedenklich, solange sie Einnahmen erzeugen. Außenwirtschaftliche Einflüsse können die Geldpolitik umso mehr disziplinieren, je schwächer die Währung eines Landes ist. Diese Gefahr bestand nicht für die D-Mark und besteht nicht für den Euro. Ein struktureller Leistungsbilanzüberschuss, den Deutschland sich über Jahre hinweg leistet, erzeugt Beschäftigungsprobleme in anderen Ländern, denen ein Leistungsbilanzdefizit zugemutet wird.

Die Option einer realwirtschaftlichen Belebung als Bestandteil eines wirtschaftspolitischen Neustarts muss sich in Deutschland gegen politische Appelle behaupten, die derzeit an breite Bevölkerungskreise gerichtet werden, „dass wir über unsere Verhältnisse gelebt hätten und unseren Gürtel enger schnallen müssten". Tatsächlich lebt die Mehrheit der Bevölkerung in Deutschland unter ihren Verhältnissen. Bei mindestens einem Drittel klafft eine Lücke zwischen den materiellen Gütern, die sie haben, und denen, die sie sich wünschen. Aber auch diejenigen, deren materielle Güterausstattung halbwegs ausreicht, haben zahlreiche „vitale" Bedürfnisse, die nicht befriedigt sind - ein eigenständiges Leben zu führen in gelingenden Partnerschaften auch mit Kindern, im Einklang mit der natürlichen Umwelt zu leben, souverän über die eigene Zeit zu verfügen, wie viel davon der Erwerbsarbeit gewidmet wird und wie viel der Privatsphäre reserviert bleibt. Neben den privaten, nicht befriedigten vitalen Bedürfnissen gibt es eine Menge unerledigter öffentlicher Aufgaben. Derzeit verfallen öffentliche Einrichtungen, weil angeblich die Finanzmittel fehlen, sie zu unterhalten. Bibliotheken, Schwimmbäder, Straßen, die Infrastruktur der Kanalisation verrotten. Kinderfreundliche Städte bleiben ein Wunschtraum von Architekten und Stadtplanern. Gleichzeitig wird das Arbeitsvermögen, die kostbarste Ressource einer Wirtschaft, verschlissen, statt es zu kultivieren und zu veredeln.

Um den Lebensstandard und die Lebensqualität der Menschen zu erhöhen, sind eine Steigerung der Wertschöpfung und ein Mehr an Erwerbsarbeit unabdingbar. Denn auf absehbare Zeit bleibt die gesellschaftlich organisierte Arbeit für alle, die erwerbstätig sein wollen und können, der Schlüssel wirtschaftlicher Integration und gesellschaftlicher Beteiligung. Reife Industrieländer können zusätzliche Märkte und Beschäftigungsfelder durch einen ehrgeizigen ökologischen Umbau der Wirtschaft, insbesondere der herkömmlichen Verkehrssysteme, der Energiegewinnung und der Ernährungsweisen erschließen. Aber an der Schwelle zum „Zeitalter des Arbeitsvermögens" kommen verstärkt die „Arbeiten an den Menschen", also personennahe Dienste in den Bereichen der Bildung, Gesundheit und Kultur in den Blick. Die Wertschöpfung solcher Dienste ist von der Kaufkraft derer, die sie nachfragen, von einem gesellschaftlich festgestellten Bedarf und von der Kompetenz derer, die sie anbieten, abhängig. Die politisch Verantwortlichen sollten den wachsenden gesellschaftlichen Stellenwert personennaher Dienste auch „honorieren" und die notwendigen Rahmenbedingungen dafür schaffen, diese Dienste zu professionalisieren sowie angemessen in den Wertschöpfungskreislauf zu integrieren. Während in der industriellen Konsumgesellschaft die Kompetenzen des „Wiegens, Zählens, Messens" gefragt waren, werden in der kulturellen Dienstleistungsgesellschaft die Kompetenzen des „Helfens, Heilens, Pflegens, Beratens, Begleitens und Spielens" vorrangig.

Der Strukturwandel zur kulturellen Dienstleistungswirtschaft rechtfertigt ein verstärktes Engagement des Staates, weil diejenigen Arbeiten an den Menschen, die als Grundrechtsansprüche anerkannt sind, nicht ausschließlich dem marktwirtschaftlichen Wettbewerb und der privaten Kaufkraft, die das Angebot steuert, überlassen bleiben können. Zum Glück ist der Vollrausch einer börsenorientierten Privatisierung, in den die politisch Verantwortlichen hinein getorkelt sind, einer nüchternen Einschätzung der Chancen und Risiken gewichen. Die ursprüngliche Verheißung, die Privatwirtschaft oder das Zusammenspiel von öffentlicher Hand und Privatwirtschaft würden die Bevölkerung bürgerfreundlicher, kostengünstiger und leistungsstärker bedienen, ist nur begrenzt eingelöst. Die auftretenden Kosten sind häufig auf die Mitarbeiterinnen und Mitarbeiter abgewälzt worden, deren Arbeit verdichtet, deren Lohn gekürzt und deren Arbeitszeit verlängert wurde. Dabei kann sich die öffentliche Hand nicht davon dispensieren, dass Grundgüter wie Arbeit, Mindesteinkommen, Gesundheit, Bildung, Mobilität und Kommunikation allen Mitgliedern der Zivilgesellschaft unabhängig von ihrer Kaufkraft zugänglich bleiben. Dieser allgemeine Zugang gehört zur Lebensqualität demokratischer Gesellschaften.

Deshalb ist eine Offensive für mehr staatliche Investitionen, die private Aufträge nach sich ziehen, ein unverzichtbarer Bestandteil des politischen Neustarts. Gleichzeitig wird eine solche Offensive die Macht der Gewerkschaften stärken, mit Hilfe von Tarifverträgen, der Festigung des individuellen Arbeitsrechts und der Wiederbelebung solidarischer Sicherungssysteme und ohne den Notbehelf staatlich garantierter Mindestlöhne der zunehmenden Vermarktung menschlicher Arbeit zu widerstehen und eine faire Verteilung der wirtschaftlichen Wertschöpfung zu erkämpfen. Der verteilungspolitische Abschied vom Finanzkapitalismus besteht nämlich darin, dass jene betriebswirtschaftliche Logik, die ausschließlich den Interessen der Kapitaleigner folgt, außer Kraft gesetzt wird. Diese identifiziert das Ziel des Unternehmens nicht mit der Wertschöpfung, der Summe aller Einkommen, die den Ressourcen zufließen, die am Unternehmenserfolg beteiligt sind, sondern ausschließlich mit dem Gewinn, also jenem Teil der Wertschöpfung, der als Einkommen den Eigentümern der Ressource Geldvermögen zufließt. Dieser Gewinn soll möglichst hoch ausfallen. Die restlichen Anteile der Wertschöpfung, die als Entgelt für die Nutzung des Naturvermögens, des Arbeitsvermögens und des Gesellschaftsvermögens zur Verfügung stehen, werden dagegen als Kostenfaktoren bilanziert und folglich niedrig gehalten. Damit ist eine wachsende Schieflage der primären Einkommens- und Vermögensverteilung vorprogrammiert, die durch eine staatliche Sekundärverteilung kaum ernsthaft korrigiert werden kann. In der folgenden Tabelle ist die willkürliche betriebswirtschaftliche Logik veranschaulicht, die unter der Hegemonie des Finanzkapitalismus ins Extrem gesteigert worden ist.

Unternehmerische Wertschöpfung

Quellen	Verteilung	Empfänger	Verteilungsregel
Arbeitsvermögen	Lohn/Gehalt	Mitarbeiter/-innen	Kosten = minimal!
Naturvermögen	Umweltabgaben	Natürliche Umwelt	Kosten = minimal!
Gesellschaftsverm.	Steuern/Beiträge	Staat	Kosten = minimal!
Geldvermögen	Zinsen Reingewinn	Anteilseigner	Gewinn = maximal!

In der ersten Spalte sind vier typisierte Ressourcen eingezeichnet, nämlich das Arbeits-, Natur-, Gesellschafts- und Geldvermögen. Das Arbeitsvermögen ist jene Ressource, auf die der Arbeitgeber durch den Lohnarbeitsvertrag zugreifen kann, das Naturvermögen wird von Werner Sombart als die „Sparbüchse der Erde" beschrieben, das Volumen an Sonnenenergie, dessen Inanspruchnahme neben der Geldschöpfungsmacht die beispiellose Dynamik des industriellen Kapitalismus erklärt. Das Gesellschaftsvermögen sind die öffentlichen Bildungs- und Gesundheitseinrichtungen, die öffentliche Infrastruktur sowie das Potential jener gesellschaftlichen Vorleistungen, die in privaten Haushalten unentgeltlich als Betreuungsarbeit geleistet werden. Das kooperative Zusammenspiel dieser Ressourcen erzeugt die unternehmerische oder volkswirtschaftliche Wertschöpfung, die als „Faktoreinkommen" oder „bewertete Gütermenge" definiert wird. In der zweiten Spalte wird abgebildet, wie die Nutzung der Ressourcen durch das Unternehmen entgolten wird – in der Form von Löhnen und Gehältern, von Umweltabgaben, von Steuern und Beiträgen sowie von Zinsen (auf Eigen- bzw. Fremdkapital).Die kollektiven Empfänger der Entgelte sind in der dritten Spalte aufgelistet: Mitarbeiterinnen und Mitarbeiter, die natürliche Umwelt, der Staat und die Anteilseigner bzw. Gläubiger. Gemäß der Verteilungsregel einer kapitalistischen Marktwirtschaft, die durch das primäre Machtgefälle von Kapital und abhängiger Arbeit bestimmt ist, werden drei Faktoren (einschließlich der Fremdkapitalgeber) als Kostenfaktoren definiert und mit einem möglichst niedrigen Entgelt abgefunden, während der verbleibende Überschuss (Reingewinn) als das eigentliche Unternehmensziel definiert und demzufolge den Anteilseignern zugewiesen wird. Die asymmetrischen Machtverhältnisse einer pluralen Klassengesellschaft bestimmen die relativ geringen Einkommensanteile der abhängig Beschäftigten, des Staates, der Gesellschaft und der natürlichen Umwelt an der wirtschaftlichen Wertschöpfung. Eine nicht-kapitalistische Verteilungsregel würde dagegen den fairen Ansprüchen jener vier Ressourcen, die gemeinsam die unternehmerische Wertschöpfung erwirtschaftet haben, gerecht.

Nun ist die Beteiligung an der Erwerbsarbeit nicht der einzige Schlüssel gesellschaftlicher Integration und auch nicht die einzige beschäftigungspolitische Zielmarke. Neben der Erwerbsarbeit sind die private Beziehungsarbeit und das zivilgesellschaftliche Engagement gleich wichtig und gleichrangig. Die ausschließliche Fixierung der Gesellschaft auf die Erwerbsarbeit ist krankhaft. Indem Frauen gleichgestellte und autonome Lebens- und Erwerbschancen für sich beanspruchen, ist es angemessen, dass Männer die überdehnte Identifizierung mit der Erwerbsarbeit relativieren und den ihnen zukommenden Teil an privater Erziehungsarbeit übernehmen. Darin könnten sie einen Gewinn an Lebensqualität entdecken. Folglich ist die öffentliche Debatte über die Vereinbarkeit von Erwerbsarbeit und Kindererziehung, die ausschließlich an die Frauen adressiert wird, ohne dass die Männer sich davon berühren lassen, fehlgeleitet. Die drei gleich notwendigen und nützlichen Arbeitsformen – die Erwerbsarbeit, die private Betreuungsarbeit und das zivilgesellschaftliches Engagement – sollten fair auf die beiden Geschlechter verteilt werden. Die finanzielle Absicherung könnte zum einen durch Arbeits- und Kapitaleinkommen, zum andern durch Transfereinkommen erfolgen. Gesellschaftliche Anerkennung bedarf nämlich einer monetären Ausdrucksform oder der Garantie eines zusätzlichen Gewinns an frei verfügbarer Zeit. Eltern sollte ein Recht auf eine Ganztagsbetreuung der Kinder, die das erste Lebensjahr erreicht haben, eingeräumt werden. Sie sollten auch das Recht auf Teilzeitarbeit haben – ohne drastische Einkommensverluste. Und Väter sollten verpflichtet werden, einen angemessenen Anteil an Elternzeit, die nicht auf die Frau übertragbar ist, in Anspruch zu nehmen. Gute Arbeit ist weder unter finanzkapitalistischen noch unter patriarchalen Verhältnissen vorstellbar. Anderseits ist die demokratische Aneignung des Finanzkapitalismus nicht ohne einen rigorosen Abschied vom patriarchalen Kapitalismus denkbar.

6. Sozialethische Reflexion

Aus der Perspektive einer christlichen Gesellschaftsethik können folgende geschichtliche und systematische Überlegungen dazu beitragen, die aktuelle Finanz- und Wirtschaftskrise erhellend zu deuten und Chancen gelingenden Lebens zu erschließen.

Das Gemeinsame Wort der deutschen Kirchen, das 1997 nach einem breiten Konsultationsprozess in den Gemeinden zustande kam, hatte zwar die Vorstellung einer „Marktwirtschaft pur" zurück gewiesen und sich für eine „bewusst sozial gestaltete Marktwirtschaft" ausgesprochen, aber sonst sehr irenische Formulierungen gewählt, um das real existierende Wirtschaftssystem in Deutschland zu kennzeichnen. Das Etikett einer „kapitalistischen Marktwirtschaft" war konsequent vermieden worden. Demgegenüber haben Vertreter der römischen Sozialverkündigung keine vergleichbaren Deutungsängste. Aus zentralen kirchenamtlichen Dokumenten lassen sich drei Themen nennen, die das Profil kapitalistischer Marktwirtschaften, deren primäres Machtgefälle sowie das Eigentum an Produktionsmitteln, das diesem Machtgefälle zugrunde liegt, umschreiben.

6.1 Kapitalistische Marktwirtschaften

Papst Leo XIII. deutete 1891 die miserable Lage der Arbeiter als eine Folge der Klassengesellschaft, die aus besitzlosen Armen und jenen Wohlhabenden bestand, in deren Hände sich das Kapital konzentrierte. Beide stünden auf Grund des Konflikts zwischen Arbeit und Kapital einander wie Wölfe gegenüber, obwohl weder das Kapital ohne die Arbeit noch die Arbeit ohne das Kapital bestehen kann. Aber während die Wohlhabenden über ausreichende Mittel verfügten, sich selbst zu schützen, seien die abhängig Arbeitenden auf den besonderen Schutz des Staates angewiesen, erklärte der Papst. Dieser sei nicht bloß ein unbeteiligter Wächter der Rechts- und vor allem der privaten Eigentumsordnung. Er habe vielmehr das Koalitionsrecht der Arbeiter und das Recht ihrer gewerkschaftlichen Betätigung zu garantieren und gegen jene unerträglichen Arbeitsbedingungen einzuschreiten, mit denen die Arbeitgeber ihre Arbeiter maßlos ausbeuteten und sie nicht wie Menschen, sondern als Sachen behandelten.

Vierzig Jahre später äußerte sich Papst Pius XI. kritisch über die Zusammenballung von Kapital und wirtschaftlicher Macht als Resultat einer uneingeschränkten Wettbewerbsfreiheit, die am Ende zu ihrer Selbstaufhebung führt. Es folge ein gnadenloser Machtkampf innerhalb der Wirtschaft. Dann würden die wirtschaftlich Mächtigen die staatliche Sphäre zu erobern suchen; der Staat werde zum Spielball ihrer Interessen und ihnen unterworfen. Schließlich komme es zu einem Machtkampf der Staaten untereinander. Dieser entarte in den „Imperialismus des internationalen Finanzkapitals", das überall da zu Hause sei, wo sich ein Beutefeld auftut.

Ähnlich hat Papst Paul VI. 1967 einen ungehemmten Liberalismus verurteilt, wonach der Profit der eigentliche Motor des wirtschaftlichen Fortschritts, der Wettbewerb das oberste Gesetz der Wirtschaft und das Privateigentum an Produktionsmitteln ein absolutes Recht ohne Schranken und gesellschaftliche Verpflichtung sei. Indem die Regeln des internationalen Handels zwischen Industrie- und Entwicklungsländern unter extrem ungleichen Verhandlungsbedingungen abgeschlossen werden, sei die freie Zustimmung der Vertragspartner noch keine Garantie dafür, dass das Ergebnis solcher Verträge dem Leitbild der Gerechtigkeit entspricht. „In diesem Bereich wird ein Grundprinzip des so genannten Liberalismus als Regel des Handels überaus fragwürdig".

Papst Johannes Paul II. hat nach dem säkularen Ereignis der friedlichen Revolution und des Zusammenbruchs des real existierenden Sozialismus am Schluss eines 1991 veröffentlichten Rundschreibens die „Eingangsfrage" gestellt, ob nach dem Scheitern des Kommunismus der Kapitalismus das siegreiche Gesellschaftssystem sei, das die Anstrengungen der Transformationsländer verdient und den Entwicklungsländern empfohlen werden soll. Die Antwort fällt komplex aus. Unhaltbar sei die Behauptung, „die Niederlage des so genannten `realen Sozialismus´ lasse den Kapitalismus als einziges Modell wirtschaftlicher Organisation übrig". Eine entschieden negative Antwort liege nahe, weil Formen der Ausgrenzung, Ausbeutung und Unterdrückung insbesondere in den Entwicklungsländern und menschlicher Entfremdung besonders in den Industrieländern auch heute noch wie zur Zeit der ersten Industrialisierung existieren. Über die große Mehrheit der Bevölkerung der Dritten Welt gehe die wirtschaftliche Entwicklung hinweg. Sie seien, wenn auch nicht gerade ausgebeutet, doch weithin Randexistenzen. Sie könnten sich nicht an der gesellschaftlich organisierten Arbeit beteiligen, ihre Kreativität ausdrücken und ihre Leistungsfähigkeit entfalten. Viele andere, die nicht völlig am Rand existieren, lebten in einem Milieu, in dem der Kampf um das nackte Überleben absoluten Vorrang hat - und zwar unter den erbarmungslosen Bedingungen der Gründerzeit des Kapitalismus. Oder sie bebauten ein Land, das ihnen nicht gehört, und würden wie halbe Sklaven behandelt. Trotz der großen Veränderungen in den fortgeschrittenen

Gesellschaften bleibe in der Dritten Welt wie auch in der so genannten Vierten Welt das menschliche Defizit des Kapitalismus bestehen. Es sei durch die absolute Vorherrschaft des Kapitals und des Eigentums an Produktionsmitteln über die „freie Subjektivität der Arbeit des Menschen" verursacht. Die westlichen Länder würden Gefahr laufen, in dem Scheitern des realen Sozialismus den einseitigen Sieg des Kapitalismus zu sehen und sich nicht darum zu kümmern, an diesem Wirtschaftssystem die gebotenen Korrekturen vorzunehmen. Es bestehe sogar die Gefahr, dass sich eine radikale kapitalistische Ideologie breitmacht, die es ablehnt, diese Probleme auch nur zu erwägen. Stattdessen verbreite sie das blinde Vorurteil, dass nicht von politischen Reformen, sondern vom freien Spiel der Marktkräfte die Lösung zu erwarten sei.

6.2 Gesellschaftliche Machtverhältnisse

In der römischen Sozialverkündigung wird durchgängig auf eine zweifache Unterscheidung Wert gelegt. Das Urteil über den Kapitalismus fällt unterschiedlich aus, je nachdem eine rein ökonomische oder gesellschaftliche Perspektive dominiert.

Auf die Frage nach dem Kapitalismus als einem wirtschaftlichen Funktionsgerüst hatte Papst Pius XI. 1931 eine relativ neutrale Antwort gegeben: Die kapitalistische Wirtschaftsweise sei als solche nicht zu verdammen; „sie ist nicht in sich schlecht". Die Verkehrtheit beginne erst dann, wenn das Kapital die Lohnarbeiter in seinen Dienst nimmt, um die Unternehmen und die Wirtschaft einseitig in seinem Interesse zu lenken, und weder auf die Menschenwürde der Arbeiter noch auf den gesellschaftlichen Charakter der Wirtschaft noch auf die Gerechtigkeit Rücksicht nimmt.

Eine gleichfalls differenzierte Antwort hatte Papst Johannes Paul II. 1991 auf die von ihm selbst gestellte Frage, wie der Kapitalismus ethisch zu beurteilen sei, gegeben: „Wird mit `Kapitalismus´ ein Wirtschaftssystem bezeichnet, das die grundlegende und positive Rolle des Unternehmens, des Marktes, des Privateigentums und der daraus folgenden Verantwortung für die Produktionsmittel sowie die freie Kreativität des Menschen im Bereich der Wirtschaft anerkennt, ist die Antwort sicher positiv". Allerdings sollte besser von „Unternehmenswirtschaft", „Marktwirtschaft" oder einfach „freier Wirtschaft" gesprochen werden. Entschieden negativ lautet dagegen die Antwort, wenn die wirtschaftliche Freiheit nicht in eine feste Rechtsordnung eingebunden ist. Denn die Marktwirtschaft „kann sich nicht in einem institutionellen, rechtlichen und politischen Leerraum abspielen". Damit hat der Staat eine Kompetenz und Verpflichtung, den Wirtschaftsprozess zu überwachen sowie die individuelle Freiheit, das Eigentum, die Menschenrechte, eine stabile Währung und die Bereitstellung öffentlicher Güter zu sichern. Außerdem mag der Gewinn berechtigt sein als Indikator und Regulator für den guten Zustand des Unternehmens, in dem die Produktionsfaktoren optimal eingesetzt und die Bedürfnisse der Kunden gebührend befriedigt werden. Aber er ist nicht der einzige Indikator und Regulator. Eine Jahresbilanz kann nämlich ausgeglichen sein, während zugleich die Menschen, das kostbarste Vermögen des Unternehmens, gedemütigt und in ihrer Würde verletzt werden. Darüber hinaus mag der freie Markt das wirksamste Instrument für den effizienten Einsatz der Ressourcen und die Befriedigung der Bedürfnisse gemäß den Präferenzen der Individuen sein - allerdings nur für jene Ressourcen, die „verkäuflich" sind, nämlich einen angemessenen Preis erzielen, und für jene Bedürfnisse, die „bezahlbar" sind. Aber es gibt Bedürfnisse, deren Befriedigung dem Menschen als Menschen unabhängig von seiner Kaufkraft zustehen. Und es gibt gemeinsame Güter wie etwa die natürliche und menschliche Umwelt, die sich der Marktlogik entziehen und nicht als bloße Waren eingestuft werden können. „Wie der Staat zu Zeiten des alten Kapitalismus die Pflicht hatte, die fundamentalen Rechte der arbeitenden Menschen zu verteidigen, so haben Staat und Gesellschaft angesichts des neuen Kapitalismus die Pflicht, *die gemeinsamen Güter zu verteidigen*". Zur „Vergötzung des Marktes" in einem globalisierten Kapitalismus gebe es eine Alternative, nämlich die Ordnung des Marktes durch gesellschaftliche Kräfte und staatliche Organe sowie die Ordnung der Unternehmen als Orte der freien Arbeit und Beteiligung.

Aus der ambivalenten Antwort auf die Frage nach der Bewertung des Kapitalismus könnte eine unterschwellige Neigung der Vertreter der römischen Sozialverkündigung herausgehört werden, den Kapitalismus bloß als ökonomisches Funktionsgerüst zu beschreiben, indem mit großer Emphase der marktwirtschaftliche Wettbewerb, der hohe Technikeinsatz aus vorweg geleisteter Arbeit, die elastische Geldversorgung, die private Unternehmensorganisation und der Profit als Indikator betriebs- und gesamtwirtschaftlicher Rationalität hervorgehoben werden. Oder die Tendenz zu idealtypischer Differenzierung könnte als systematische Blickverengung ausgelegt werden. Ein solcher Verdacht ließe sich jedoch durch den kritischen Blick auf die drohende wirtschaftliche Machtkonzentration, die ein entfesselter Kapitalismus erzeugt, entschärfen. Dennoch ist der Blick vielleicht nicht scharf genug, um in der Schieflage wirtschaftlicher Macht mehr als eine Entartung zu sehen, die durch ungeregeltes oder verfehltes Handeln entsteht. Diese Schieflage ist indessen die Folge des strukturell verfestigten primären Machtgefälles kapitalistischer Gesellschaften, indem einer gesellschaftlichen Minderheit gestattet wird, über den größten Teil des Sach- und Geldvermögens zu verfügen, während die Mehrheit der Bevölkerung bloß ihr Arbeitsvermögen hat, um den Lebensunterhalt zu verdienen. Dem konzentrierten Privateigentum an Produktionsvermögen steht die Lebenslage abhängiger Arbeit gegenüber. Das Entscheidungsmonopol im Unternehmen wird denjenigen zugewiesen, die Eigentümer der Produktionsmittel sind oder darüber verfügen. Dieses primäre Machtgefälle im Unternehmen überträgt sich auf den Arbeitsmarkt, das heißt auf die Verhandlungspositionen der Arbeitgeber und Arbeitnehmer. Auf den Gütermärkten treten die Produzenten meist stärker organisiert und konzentriert auf als die in der Regel atomisierten Verbraucher. Und an der Nahtstelle zwischen der monetären und realwirtschaftlichen Sphäre verfügt das Bankensystem über eine Geld- und Kreditschöpfungsmacht, mit der das Produktionsniveau und die Richtung der Produktion vorweg bestimmt werden. Eine solche umfassende Klassenanalyse kapitalistischer Gesellschaften ist indessen auch von römischen Sozialrundschreiben nur in Ansätzen zu erwarten. Sie müsste allerdings auch um die Analyse strukturell asymmetrischer Zugänge zu Bildung, sozialer Rangstellungund informellen Elitenetzen in pluralen Klassengesellschaften erweitert werden.

6.3 Eigentumsvorbehalt

In der Beurteilung des Privateigentums an Produktionsmitteln durch die römische Sozialverkündigung lassen sich wechselnde Akzentuierungen unterscheiden. In dem Sozialrundschreiben von 1891 ist eine liberal-naturrechtliche Argumentationsweise beherrschend: Das Eigentumsrecht sei ein vorstaatliches Recht des Individuums. Die Begründung des Rechts klingt naiv, dass nämlich das Eigentum, das der Arbeiter aus Ersparnissen bildet, Lohn in anderer Form sei und dazu diene, sich gegen Zukunftsrisiken abzusichern. Gleichzeitig wird dieses Recht jedoch instrumentalisiert: Die gesellschaftliche Ordnung privater Eigentumsverhältnisse solle sicherstellen, dass die Güter dieser Erde allen Menschen zum Gebrauch und zur Nutzung gewidmet bleiben. Nach vierzig Jahren folgerte Papst Pius XI. daraus die „Doppelseitigkeit des Eigentums". Dessen Individualfunktion bestehe darin, dass jeder für sich und die Seinen sorgen kann, die Sozialfunktion darin, dass auf dem Weg der Institution des Privateigentums die allen Menschen gewidmeten Erdengüter diesen Widmungszweck wirklich erfüllen.

Das Zweite Vatikanische Konzil und in der Folge Papst Paul VI. haben die Akzente umgestellt: Vorrangig gelte der Kollektivanspruch der Menschen auf die Güter der Erde. Diese sollten allen Menschen in einem angemessenen Verhältnis zugänglich sein und ihnen die Mittel für die Existenz und die Entwicklung bieten. Folglich habe jeder Mensch das Recht, auf der Erde das zu finden, was er nötig hat. Alle anderen Rechte, auch das des Eigentums und des freien Tausches, seien diesem Grundsatz untergeordnet. „Das Privateigentum ist also für niemand ein unbedingtes und unumschränktes Recht". Im Fall eines Konflikts zwischen wohl erworbenen Rechten der einzelnen und den Grundbedürfnissen der Gesellschaft sollte die staatliche Autorität eine Lösung suchen.

In dem Sozialrundschreiben Papst Benedikts XVI, das 2009 veröffentlicht wurde, wird dieser Grundsatz, dass die Erde, das Wasser und die Luft allen Menschen gehören, in die Forderung einer globalen Neuverteilung der Energiereserven übersetzt. Auch die Länder, die über keine eigenen fossilen Energien verfügen, müssten einen Zugang zu diesen natürlichen Ressourcen erhalten. Denn die Verfügung darüber dürfe nicht den Händen der zuerst Angekommenen oder der Logik der wirtschaftlich Stärkeren überlassen bleiben.

Johannes Paul II. hat in dem Sozialrundschreiben über die menschliche Arbeit 1981 die Eigentumsfrage in dem Konflikt zwischen Arbeit und Kapital verortet. Das Privateigentumsrecht an Produktionsmitteln sei nicht in sich verwerflich. Es zu beseitigen, sei auch kein erfolgreicher Weg zur Revision des harten Kapitalismus. Aber der Papst begründet es funktional. Gemäß einer durchgängigen Argumentationslinie sei das private Eigentumsrecht dem Recht auf die gemeine Nutzung und der Bestimmung der Güter für alle untergeordnet worden. Daraus sei zu folgern, dass das Eigentum an Produktionsmitteln der Arbeit zu dienen habe. Dieser Norm würden Herrschafts- und Abhängigkeitsverhältnisse auf der Grundlage des Privateigentums an Produktionsmitteln bzw. die Ausbeutung der Arbeiternehmer durch die Eigentümer der Produktionsmittel widersprechen. Um der Achtung willen, die der Arbeit grundsätzlich geschuldet ist, sei der Standpunkt eines „harten" Kapitalismus, der das ausschließliche Recht des Privateigentums an den Produktionsmitteln wie ein unantastbares Dogma verteidigt, nicht annehmbar und einer konstruktiven theoretischen und praktischen Revision zu unterziehen. Im Bereich der rechtlichen Ordnung des Eigentums an Produktionsmitteln seien verschiedene Anpassungen notwendig. Beispielsweise sollten die Gewerkschaften all das zu verbessern suchen, „was in der Regelung des Eigentums an den Produktionsmitteln oder in der Art und Weise, wie diese eingesetzt werden und über sie verfügt werden kann, fehlerhaft ist". Das kritische Urteil des Papstes scheint sich nach dem Fall der Mauer zugespitzt zu haben: Das Eigentum an Produktionsmitteln sei gerechtfertigt, wenn es einer nutzbringenden Arbeit dient. Es werde dagegen rechtswidrig und besitze keinerlei Rechtfertigung, wenn es nicht produktiv eingesetzt sondern dazu benützt wird, die Arbeit anderer zu behindern oder einen Gewinn zu erzielen, „der nicht aus der Ausweitung der Arbeit insgesamt und des gesellschaftlichen Reichtums, sondern aus Unterdrückung und unzulässiger Ausbeutung, aus Spekulation und dem Zerbrechen der Solidarität unter den Arbeitern erwächst". Das Unternehmen dürfe nicht ausschließlich als „Kapitalgesellschaft" angesehen werden, sondern als eine „Gemeinschaft von Menschen", die ihren spezifischen Beitrag durch den Einsatz von Kapital und Arbeit leisten.

Die kirchliche Sozialverkündigung meldet also einen Eigentumsvorbehalt an: Anders als das Eigentum an Gebrauchsgütern, die durch eigene Arbeit erworben werden, kann das Eigentum an Produktionsmitteln nur unter Einsatz fremder Arbeitskraft, nämlich abhängig Beschäftigter produktiv eingesetzt und gewinnbringend vermehrt werden. Folglich ist die durch den Einsatz von Arbeit und Kapital gemeinsam erwirtschaftete Wertschöpfung kein ausschließlich privates Gut der Aktionäre, sondern Eigentum aller, die sich im Unternehmen auf unterschiedliche Weise engagieren. Wenn den Mitarbeitern und Mitarbeiterinnen der ihnen zukommende Teil der Wertschöpfung entrissen und einseitig auf die Konten der Aktionäre und Spitzenmanager überwiesen wird, sind die Grundsätze der Gerechtigkeit und der Solidarität verletzt.

Die aktuelle, als beispiellos empfundene Finanz- und Wirtschaftskrise rechtfertigt einen politischen Neustart, der einen anderen Kapitalismus entstehen lässt als den, der diese Krise verursacht hat. Er darf sich weder auf die bloße Instandsetzung eines angeblich bewährten Finanzregimes noch auf die Restauration anfälliger Industriezweige beschränken. Er sollte gleichzeitig die Konturen einer Gesellschaft erkennen lassen, die den Interessen der Bevölkerungsmehrheit an einem gelingenden Leben entspricht. In einer solchen Gesellschaft haben die persönlichen Lebens- und Arbeitsverhältnisse der Bürgerinnen und Bürger die erste Priorität, der alle wirtschaftlichen und politischen Entscheidungen dienen. Die Arbeit an den Menschen genießt die gleiche Wertschätzung wie die herkömmliche Industriearbeit. Die Kompetenzen des Helfen und Heilens, des Begleitens und Beratens gelten nicht weniger als die des Zählens, Wiegens und Messens. Das privatwirtschaftliche Angebot von Waren und Dienstleistungen verdrängt nicht die Bereitstellung öffentlicher

Güter. Männern und Frauen stehen unterschiedliche Arbeitsformen jenseits traditioneller Rollenmuster entsprechend ihren individuellen Kompetenzen und Vorlieben offen. Der Grundsatz: „Gleicher Lohn für gleiche Arbeit" und Tarifverhandlungen auf gleicher Augenhöhe gewährleisten eine ausgewogene, tendenziell egalitäre Einkommens- und Vermögensverteilung. Entgeltdifferenzen sind zugelassen, soweit sie in persönlichen Kompetenzen, Funktionen und Engagements gründen. Kapitalrenditen, Wachstumsraten und Vollbeschäftigung sind nicht das Maß gesellschaftlichen Wohlstands, sondern die Lebensqualität und die Zeitautonomie der Menschen.

Literaturhinweise

Albert, Michel (1992): Kapitalismus contra Kapitalismus, Frankfurt am Main-New York: Campus.

Albert, Michel (2001): Kapitalismus contra Kapitalismus - zehn Jahre danach, in: Blätter für deutsche und internationale Politik, Heft 12, 1451-1462.

Baecker, Dirk (Hg.) (2003): Kapitalismus als Religion, Berlin: Kadmos.

Beckert, Jens / Bernhard Ebbinghaus / Anke Hassel / Philip Manow (Hg.) (2006): Transformationen des Kapitalismus, Frankfurt am Main-New York: Campus.

Belitz, Wolfgang (2004): „Man muss neue Wege beschreiten, um soziale Gerechtigkeit zu erreichen", in: Belitz, Wolfgang / Jürgen Klute / Hans-Udo Schneider: Zukunft der Arbeit in einem neuen Gesellschaftsvertrag, Lit-Verlag : Münster, 37-86.

Binswanger, Hans (2006): Die Wachstumsspirale. Geld, Energie und Imaginationin der Dynamik des Marktprozesses, Marburg : Metropolis-Verlag

Bofinger, Peter (2009): Ist der Markt noch zu retten? Warum wir jetzt einen starken Staat brauchen, Berlin: Econ.

Boltanski, Luc / Chiapello, Ève (2006): Der neue Geist des Kapitalismus, Konstanz: UVK Verlagsgesellschaft.

Bundesverband der Katholischen Arbeitnehmerbewegung (Hg.) (1992) : Texte zur Katholischen Soziallehre Band I, Die sozialen Rundschreiben der Päpste, 8. Aufl. Bornheim.

Deutsches Institut für Wirtschaftsforschung (2009): Wochenbericht 4.

Emunds, Bernhard (2000): Finanzsystem und Konjunktur. Ein postkeynesianischer Ansatz, Marburg: Metropolis.

Heine, Michael / Hansjörg Herr/ Cornelia Kaiser (2006): Wirtschaftspolitische Regime westlicher Industrienationen, Nomos : Baden-Baden.

Hengsbach, Friedhelm (2007): Kapitalismus kritisch betrachtet - Oswald von Nell-Breuning wieder gelesen, in: Bruhin, Josef / Kuno Füssel / Paul Petzel / Heinz Robert Schlette (Hg.): Misere und Rettung, Verlag Exodus: Luzern, 269-288.

Hengsbach, Friedhelm (2008): Werner Sombart. Das Proletariat, Marburg: Metropolis-Verlag.

Kirchenamt der Evangelischen Kirche in Deutschland (Hg.) (2009): Wie ein Riss in einer hohen Mauer. Wort des Rates der Evangelischen Kirche in Deutschland zur globalen Finanzmarkt- und Wirtschaftskrise.

Kreckel, Reinhard (1992): Politische Soziologie der sozialen Ungleichheit, Campus: Frankfurt am Main

Nell-Breuning, Oswald von (1986): Kapitalismus kritisch betrachtet, 2. Aufl. Herder : Freiburg.

Sachverständigenrat zur Beurteilung der gesamtwirtschaftlichen Entwicklung: Finanzsysteme auf der Intensivstation, in: Sachverständigenrat zur Beurteilung der gesamtwirtschaftlichen Entwicklung: Jahresgutachten 2008/09, Wiesbaden 2008, 117-191.

Sinn, Werner (2008): Kasino-Kapitalismus. Wie es zur Finanzkrise kam und was jetzt zu tun ist, Berlin: Econ.

Solte, Dirk (2008): Weltfinanzsystem in Balance. Die Krise als Chance für eine nachhaltige Zukunft, Berlin: Terra Media Verlag.

Wagenknecht, Sarah (2008): Wahnsinn mit Methode. Finanzcrash und Weltwirtschaft, 2. Auflage, Berlin: Das neue Berlin.

Windolf, Paul (Hg.) (2005): Finanzmarkt-Kapitalismus. Analysen zum Wandel von Produktionsregimen, Kölner Zeitschrift für Soziologie und Sozialpsychologie, Sonderheft 45, Wiesbaden: VS Verlag.

Windolf, Paul und Jürgen Beyer (1995): Kooperativer Kapitalismus. Unternehmensverflechtungen im internationalen Vergleich, in: Kölner Zeitschrift für Soziologie und Sozialpsychologie 47, 1-36.

POLITIK IN SOZIALER UND ÖKOLOGISCHER VERANTWORTUNG

VAS

Ludwigstr. 12 d, 61348 Bad Homburg
Telefon 06172-6811-656
Fax 06172-6811-657
E-Mail: info@vas-verlag.de
Internet: www.vas-verlag.de

Die Reihe wird gerausgegeben von:
Günter Altner, Joseph Dehler, Gerd Michelsen,
Judith Pauly-Bender, Magda Schirm

Hans Eichel (Hg.):
EINMISCHEN – Vorschläge zur Wiederbelebung politischer Beteiligung
ISBN 3-88864-213-2; 81 Seiten; 10 €

Hartmut Holzapfel:
SCHULE 2000 – Bildungspolitische Thesen für die Schule von morgen
ISBN 3-88864-224-8; 74 Seiten; 9,50 €

Verein Demokratischer Ärztinnen und Ärzte (vdää) und Verein Demokratischer Pharmazeutinnen und Pharmazeuten (VDPP):
PERSPEKTIVE GESUNDHEIT – Thesen und Vorschläge zur aktuellen Gesundheitspolitik
ISBN 3-88864-251-5; 70 Seiten; 8,50 €

Manfred Haberzettel, Uwe Roth, Wolfgang Schläger:
EUROPA IM RATHAUS – Auswirkungen der europäischen Gesetzgebung auf die Kommunen
ISBN 3-88864-253-1; 100 Seiten; 10,50 €
Magda Schirm (Hrsg.):
JENSEITS DES MARKTES – Europa: Sozialstaat für alle?
ISBN 3-88864-278-7; 110 Seiten; 11 €

Klaus Hänsch:
EUROPA EINIGEN – in Verantwortung für Deutschland
ISBN 3-88864-280-9; 60 Seiten; 9 €

POLITIK IN SOZIALER UND ÖKOLOGISCHER VERANTWORTUNG

Magda Schirm:
EINE VERFASSUNG FÜR EUROPA?
– Thesen zur aktuellen Debatte
ISBN 3-88864-313-9; 61 Seiten; 10 €

Horst Siebert
Bildungsoffensive
Bildung ist mehr als Qualifizierung
ISBN 3-88864-341-1; 94 Seiten; 10 €

Magda Schirm
Die nEUen Gesichter Europas
Tschechien, Polen und Ungarn
ISBN 3-88864-360-0; 83 Seiten; 10 €

Thomas Spies
Die Bürgerversicherung
Zukunftsfähig und solidarisch
ISBN 3-88864-415-1; 154 Seiten; 12 €

Ozan Ceyhun
Wohin steuert die Türkei?
Rolle der Parteien im Modernisierungsprozess
ISBN 978-3-88864-436-8; 70 Seiten ; 10 €

Wilhelm Bender & Thomas Uber
Was heisst da Kultur?
Gedanken zu einer Neubestimmung
von FrankfurtRheinMain
ISBN 978-3-88864-451-1; 72 Seiten ; 10 €

Dietrich Böhler
Zukunftsverantwortung in Globaler Perspektive
Zur Aktualiträt von Hans Jonas und der Diskursethik
ISBN 978-3-88864-461-0; 2009; 114 Seiten; 11€

Was heißt und wozu verpflichtet Zukunftsverantwortung?
Vor dem Hintergrund der drohenden Klimakatastrophe und der Finanz- bzw. Wirtschaftskrise führt dieses Buch aus dem Hans Jonas-Zentrum der FU Berlin die Aktualität von Hans Jonas und der Diskursethik vor Augen, indem es demonstriert, dass z.B. Atomenergie und verbrauchende Embryonenforschung nicht verantwortbar sind.

Dietrich Böhler, veröffentlichte u.a. „Metakritik der Marxschen Ideologiekritik", Frankfurt a. M. 1971und „Rekonstruktive Pragmatik. Von der Bewußtseinsphilosophie zur Kommunikationsreflexion ...", Frankfurt a. M. 1985. Er leitete das „Funkkolleg Praktische Philosophie/ Ethik", Frankfurt a. M. 1984 (2 Bde.) und Weinheim 1984 (3 Bde.), gründete das „Hans Jonas-Zentrum" und die Theorie-Praxis-Gruppe „Ethik und Wirtschaft im Dialog – EWD". An der Freien Universität Berlin lehrt er Praktische Philosophie/Ethik und initiierte die Kritische Werkausgabe Hans Jonas.

Günter Altner, Theologe und Biologe lehrte bis 1999 Evangelische Theologie an der Universität Koblenz-Landau. Verleihung der Ehrendoktorwürde vom Fachbereich Umweltwissenschaften der Universität Lüneburg im Mai 2000.

REIHE
WISSENSCHAFT IN GESELLSCHAFTLICHER VERANTWORTUNG

Herausgegeben von
Günter Altner, Joseph Dehler, Gerd Michelsen, Magda Schirm

In dieser Reihe werden Kurzbeiträge veröffentlicht, die die gesellschaftliche Verantwortung der Wissenschaft verdeutlichen, Demokratisierungsprozesse im Wissenschaftsbereich fördern und Perspektiven zur Gestaltung einer humanen, sozialen, friedlichen und natürliche Ressourcen schonenden sowie die Gleichberechtigung der Geschlechter fördernden Lebenswelt aufzeigen.
Gleichzeitig soll die politische Auseinandersetzung über wissenschaftliche Erkenntnisse und Entwicklungen gefördert werden.

Band 52

Günter Altner, Antje Bultmann

Wissenschaft in der Falle

Zwischen Exzellenzgerangel und Nachhaltigkeitsanspruch

- ISBN 978-3-88864-152-7
- 2008
- 51 Seiten
- 9 Euro

Prof. Dr. Dr. Günter Altner, Theologe und Biologe, lehrte bis September 1999 evangelische Theologie an der Universität Koblenz-Landau. Verleihung der Ehrendoktorwürde vom Fachbereich Umweltwissenschaften der Universität Lüneburg im Mai 2000.

Antje Bultmann ist Wissenschaftsjournalistin und Geschäftsführerin der José-Lutzenberger-Initiative zur Unterstützung von Menschen, die aus Gewissensgründen – zum Wohl von Natur und Erhalt des sozialen Friedens – mit unbequemen Wahrheiten an die Öffentlichkeit gehen. 2006 erhielt sie für ihre Arbeit vom Club of Vienna den Rupert-Riedl-Preis der Stadt Wien.

Band 51

Alfred Köth

Psychotherapie ist keine Behandlung

Vom Unsinn der psychotherapeutischen Diagnoseziffern, Krankheitsmodelle, Therapieverfahren, Wirkfaktoren, Veränderungskonzepte und Beziehungsmuster

Plädoyer für ein bildungsorientiertes Verständnis von Psychotherapie

- ISBN 978-3-88864-151-0
- 2008
- 99 Seiten
- 11 Euro

Dr. phil. Alfred Köth, Jg. 1951, Diplompädagoge, approb. Kinder und Jugendlichenpsychotherapeut, Ausbildung in tiefenpsychologischer Körpertherapie, Fort- und Weiterbildungen in systemischer Therapie und Familien- und Strukturaufstellungen, Europäisches Zertifikat für Psychotherapie (ECP); von 1989 bis 2004 angestellter Kinder- und Jugendlichenpsychotherapeut, seit 1987 tätig in freier Praxis als Körperpsychotherapeut mit Einzelnen, Paaren und Gruppen. Vorstandsarbeit in der Deutschen Gesellschaft für Körperpsychotherapie (DGK) und im Deutschen Dachverband für Psychotherapie (DVP).

Band 1 Udo Simonis: WIR MÜSSEN ANDERS WIRTSCHAFTEN – Ansatzpunkte einer ökologischen Umorientierung der Industriegesellschaft, ISBN 3-88864-101-2, 5 €

Band 2 Karin Roth: QUELLE DES REICHTUMS – Arbeitnehmer-Interesse und Wissenschaft, ISBN 3-88864-102-0, 5 €

Band 6 Egon Becker, Joseph Dehler: ABSCHIED VON DER SELBSTHERRLICHKEIT – Wissenschaft und Hochschule zwischen individueller Freiheit und ökologischer Verantwortung, ISBN 3-88864-106-3, 5 €

Band 7 Hedwig Ortmann: BILDUNG GEHT VON FRAUEN AUS – Überlegungen zu einem anderen Bildungsbegriff, ISBN 3-88864-107-1, 2. Auflage, 5 €

Band 11	Beate Seitz-Weinzierl: LUST AUF ZUKUNFT – Vom Wert der Natur und der Verantwortung des Menschen, ISBN 3-88864-111-X, 5 €
Band 13	Günter Altner: GENTECHNOLOGIE UND BIOREAKTOREN – Totalmanipulation oder Ehrfurcht vor dem Leben, ISBN 3-88864-113-6, 5 €
Band 14	Gerd Michelsen: UMWELT BRAUCHT MEHR ALS BILDUNG – Für eine aktive und aufgeklärte Bürgerschaft, ISBN 3-88864-114-4, 5 €
Band 15	Haidi Streletz: WIDER DIE TECHNISIERUNG DES MENSCHEN – Querverbindung zwischen § 218 und Reproduktionstechnologie, ISBN 3-88864-115-2, 5 €
Band 17	Wolfgang Nitsch: RUNDE TISCHE AN HOCHSCHULEN – Neue Beteiligungsformen im Wissenschaftsbereich, ISBN 3-88864-117-9, 5 €
Band 18	Bernd Rebe: UNIVERSITÄT – LEITINSTITUTION ODER LEITBILD? – Selbstverständnis und Aufgabenorientierung heute, ISBN 3-88864-118-7, 5 €
Band 19	Gisela Notz: AUF DER SUCHE NACH DEN NEUEN MÄNNERN – Ausflüge von Männern in Frauenräume, 2. überarb. Auflage, ISBN 3-88864-119-5, 5 €
Band 20	Haidi Streletz: WIDERSTAND – Das Spannungsfeld zwischen Anpassung und Glaubwürdigkeit; ISBN 3-88864-120-9, 5 €
Band 22	Erich Ott, Thomas Gerlinger: AUF DEM WEG ZUR PENDLERGESELLSCHAFT – Probleme der Zunahme arbeitsbedingter Wegezeiten, ISBN 3-88864-122-5, 5 €
Band 23	Joseph Dehler: BIOSPHÄRENRESERVAT RHÖN – Chancen für eine natur- und menschengerechte Regionalentwicklung, ISBN 3-88864-123-3, (2. Aufl.), 5 €
Band 24	Ulrich Fischer, Manuel Kiper: ÖKOLOGISCHE RATIONALISIERUNG – Herausforderung und Chancen für Arbeitnehmer/innen, ISBN 3-88864-124-1, 5 €
Band 25	Till Bastian: SELBSTBESINNUNG GEGEN NEUE FEINDBILDER – Europa und der Islam, ISBN 3-88864-125-X, 5 €
Band 26	Rolf Arnold: NATUR ALS VORBILD – Selbstorganisation als Modell der Pädagogik, ISBN 3-88864-126-8, 5 €
Band 27	Horst Siebert: BILDUNG IM SCHATTEN DER POSTMODERNE – Von Prometheus zu Sisyphos? ISBN 3-88864-127-6, 5 €
Band 28	Guido Block-Künzler, Dietmar Graf: WISSENSCHAFT VON UNTEN – Zwischenbilanz und Perspektiven der Wissenschaftsladen-Bewegung, ISBN3-88864-128-4, 5 €
Band 29	Ekkehard Nuissl: MÄNNERBILDUNG – Vom Netzwerkbildungsferner Männlichkeit, ISBN 3-88864-129-2, 5 €
Band 30	Martina Kattein: FRAUEN IM EG-BINNENMARKT – Berufsperspektiven zwischen Ausgrenzung und Aufstieg, ISBN 3-88864-130-6, 5 €
Band 32	Martin Führ: WIE SOUVERÄN IST DER SOUVERÄN? – Technische Normen in demokratischer Gesellschaft, ISBN 3-88864-132-2, 5 €
Band 33	Ludwig von Friedeburg: BILDUNG ZWISCHEN AUFKLÄRUNG UND ANPASSUNG – Erfahrungen mit der Bildungsreform in der Bundesrepublik, ISBN 3-88864-133-0, 5 €
Band 34	Klaus Sojka: UMWELTSCHUTZ UND UMWELTRECHT – eine Fibel zur Unterrichtung und für die Praxis, ISBN 3-88864-134-9, 9 € (Doppelheft)

Band 35 Peter Alheit: LEBENSWELT „BETRIEB" – Zur wissenssoziologischen Bedeutung der Arbeitsspäre, ISBN 3-88864-135-7, 5 €

Band 36 Dietmar Bolscho: UMWELTBEWUSSTSEIN ZWISCHEN ANSPRUCH UND WIRKLICHKEIT – Anmerkungen zu einem Dilemma, ISBN 3-88864-136-5, 5 €

Band 37 Haidi Streletz: POLITIK UND KUNST – Das Spannungsfeld zwischen Individualismus und gesellschaftlicher Verantwortung, ISBN 3-88864-137-3, 5 €

Band 38 Gisela Notz: VERLORENE GEWISSHEITEN? – Individualisierung, soziale Prozesse und Familie, 2. überarb. Auflage, ISBN 3-88864-138-1, 9 €

Band 39 Ulrich Pfister, Guido Block-Künzler: MITARBEITERBETEILIGUNG IM BETRIEBLICHEN UMWELTSCHUTZ – Erfahrungen – Vorschläge, ISBN 3-88864-139-X, 5 €

Band 40 Hedwig Ortmann: KONSUMZWANG UND FREIHEIT – Neue Bildungsperspektiven, nicht nur aus feministischer Sicht, ISBN 3-88864-140-3, 9 € (Doppelband)

Band 42 Günter Altner, Gerd Michelsen (Hg.): ZUKÜNFTIGE ENERGIEPOLITIK – Konsens jetzt! ISBN 3-88864-142-X, 9 €

Band 43 Karl Heinz Jahnke: VERGESSENES – Der europäische Widerstand 1939 bis 1945 in deutschen Geschichtsbüchern, ISBN 3-88864-143-8, 9 €

Band 44 Horst Siebert: DER KONSTRUKTIVISMUS ALS PÄDAGOGISCHE WELTANSCHAUUNG – Entwurf einer konstruktivistischen Didaktik, ISBN 3-88864-144-6, 9 €

Band 45 Rolf Arnold: HUMANISCHTISCHE PÄDAGOGIG – Emotionale Bildung nach Erich Fromm, ISBN 3-88864-145-4, 10 €

Band 46 Gisela Notz: LÖCHER IM SOZIALEN NETZ – Sozial-Politik und Geschlecht, ISBN 3-88864-146-2, 10 €

Band 47 Horst Siebert: DIE BUNTE WELT DES HUMORS – Komik und Humor, pädagogisch betrachtet, ISBN 3-88864-147-0, 8 €

Band 48 Horst Siebert: DIE WIRKLICHKEIT ALS KONSTRUKTION – Einführung in konstruktivistisches Denken, ISBN 3-88864-148-9, 9 €

Band 49 Bärbel M. Peschl: GESCHLECHTERGERECHTE SCHULE – Achtung vor der individuellen Einzigartigkeit eines jeden Menschen, ISBN 3-88864-149-7, 10 €

Band 50 Detlef Behrmann: BILDUNG, QUALIFIKATION, SCHLÜSSELQUALIFIKATION, KOMPETENZ Gestaltungsperspektiven pädagogischer Leitkategorien, ISBN 978-3-88864-150, 10 €